Elena Rauch / Hanno Müller

Das Welterbe in Thüringen

16 Stätten, die man gesehen haben muss

IMPRESSUM

1. Auflage Mai 2015
Satz und Gestaltung: Satzzentrale GbR, Marburg
Umschlagfoto: Der Weimarer Kutscher Gunter Grobe lädt vor dem Goethehaus in Weimar zur Stadtfahrt ein. Foto: Marco Kneise
Fotos der Herausgeber: Marco Kneise
Umschlaggestaltung: Volker Pecher, Essen
Druck und Bindung: Printing House Multiprint ltd., Bulgarien
© Klartext Verlag, Essen 2015
Alle Rechte vorbehalten
ISBN 978-3-8375-1445-2

KLARTEXT   www.klartext-verlag.de

INHALT

Elena Rauch und Hanno Müller

Zeitreise durch ein reiches Erbe

Der Welterbestatus ist wie ein Ritterschlag. Eine Bestätigung von höchster Instanz, dass dieser Ort von universeller Bedeutung ist. Weil von ihm wichtige Impulse für die Geschichte ausgingen, weil er vom höchsten Streben der Menschen erzählt, und manchmal, wie im ehemaligen Konzentrationslager Auschwitz, von ihrem tiefsten Fall.

Welterbestätten sind Fixpunkte auf dem Zeitstrahl der Menschheitsgeschichte.

Thüringen hat viele solcher besonderen Orte. Allein zum klassischen Weimar, das seit 1998 auf der Welterbeliste der Unesco steht, gehören elf Orte. Die sichtbaren Spuren der Bauhäusler, die einem neuen Zeitgeist Ausdruck und Form gaben, wurden 1996 in das Verzeichnis aufgenommen.

Nur eine Autostunde entfernt liegt die Wartburg, als „hervorragendes Denkmal der feudalen Epoche in Mitteleuropa", so die Unesco, seit 1999 Welterbestätte. Mit dem Nationalpark Hainich und seinen uralten Buchenwäldern verfügt Thüringen auch über ein einzigartiges Erbe der Natur.

Orte, die Thüringern vertraut sind, weil sie mit ihnen aufgewachsen sind. Orte, die dennoch immer wieder eine Entdeckung bereithalten, einen neuen Blick, eine überraschende Empfindung. Denn authentische Orte haben eine besondere Aura, ihre Erzählungen beflügeln die Phantasie, sie machen aus Geschichte Lebensgeschichten.

Das vorliegende Buch ist eine Einladung zu einer Zeitreise durch unser reiches Erbe.

Die berühmteste Laube der Welt
Weimar: Goethes Gartenhaus

Die Schritte klacken leise auf dem Kieselstein-Mosaik. Man drückt die altertümlich geschwungene Klinke und steht, wenn man Glück hat, fast allein im dunklen Hausflur.

Das ist gut, in der Stille kann man besser hören, was das Haus zu erzählen hat. Denn es ist nicht in erster Linie das Interieur, es sind nicht die wenigen Bilder, die diesen Ort so besonders machen. Nicht die niedrigen Wände.

Es ist die Luft zwischen ihnen. Der Blick aus den kleinen Fenstern, hinter denen die Ilm-Auen liegen, der sein Blick war. Die Holzdielen der Treppe, die er einbauen ließ und die unter seinen Schritten knarrten. Das geschnitzte Geländer, das seine Hand unzählige Male berührt haben muss. Die winzige Küche mit dem uralten Spülstein, in der es nach heißer Schokolade roch, wenn die Köchin ihm seinen Lieblingstrank kochte.

Es ist das Wissen um die Authentizität des Ortes.

Man sollte sich zunächst nicht den Goethe vorstellen, der getrieben von seiner Berühmtheit in späteren Jahren hier Ruhe suchte. Besser man beginnt mit dem 27-Jährigen. Dem ungestümen, dem Jugendschwarm, dem Werther-Goethe.

Dem Goethe, der auszog, um zu sehen, wie ihm die Weltrolle zu Gesicht stünde.

Der Ort war sein erstes wirkliches Heim, das erste Wurzeln in der Thüringer Provinz, als ihn Carl August 1775 holte. 600 Taler in zwei Raten, bezahlt aus der Schatulle des Herzogs.

Was also erzählt das Haus?

Oben im Altanzimmer hängen zwei Scherenschnitte. Zwei Frauenprofile, zwei Geschichten. Die erste hatte er da schon hinter sich. Charlotte Buff, in die er sich in Wetzlar stürmisch, aber aussichtslos, verliebt hatte. Eine Leidenschaft, aus der „Die Leiden des jungen Werthers" geboren wurden und ihn über Nacht berühmt machten.

Goethe ließ nach seinem Einzug den Garten am Haus neu gestalten. Rätselhaft mutet das Pentagramm-Mosaik an. Ein mystisches Zeichen, das Böses fern halten sollte und das Goethe auch in seinem „Faust" zitiert.

Foto: M. Kneise

8

Auch als Goethe schon längst am Frauenplan wohnte, nahm er immer wieder an seinem Gartenhaus Neuerungen vor. Die Gestaltung des angrenzenden Parks an der Ilm geht ebenfalls auf Anregungen des Dichters zurück.

Foto: M. Kneise

Die zweite, Charlotte von Stein, sollte ihn die nächsten Jahre beschäftigen. Ausgestattet mit den Erfahrungen einer reifen Frau, dem Wissen um alle geflüsterten Geheimnisse des Hofes, mit Eloquenz und Bildung wurde sie zu einer Seelenfreundin. Mit der er das Glück der nächsten Nähe erfuhr.

Eine Seelenfreundschaft oder doch noch mehr?

Wenn jemand darüber erzählen könnte, dann wohl die Wände des Gartenhauses. Woran dachte er, wenn er nächtens vom Fenster aus auf das Haus der Charlotte von Stein hinüberblickte? Oder von der hölzernen Plattform, die er vor dem Altanzimmer bauen ließ, kaum dass er eingezogen war, und wo er unterm blauen Mantel schlaflos in die Sterne schaute. Welche Sehnsüchte kühlten die nächtlichen Sprünge in die Ilm, nackt unterm Mondschein?

Man hat wohl getuschelt darüber in der Stadt. Ein Exzentriker, den der junge Herzog da angeschleppt hatte.

Im Arbeitszimmer thront vor einem Sekretär ein merkwürdiges sattelartiges Sitzgerät. Reiter genannt, war ein da-

mals hochmodernes Ding für Leute mit ermüdenden Schreibpflichten. Das Polster verschlissen an der Stelle, wo er beim Schreiben den Arm abstützte. Hier hat er Akten gewälzt, Verordnungen studiert. Kriegswesen, Wege- und Bergbau ... War es das, wovon er geträumt hatte?

Das ganze Unbehagen über das Amt, das ihn später nach Italien treiben würde, lässt sich ablesen in dieser durchgescheuerten Stelle des Schreibstuhls.

Wie froh muss er gewesen sein, wenn nach der Pflicht die Lust begann. Das Schreiben. In den ersten Weimarer Jahren entstand hier die erste Fassung der „Iphigenie auf Tauris". Jenes Drama um menschliche Feigheit und Größe, Niedertracht und Pflichtgefühl, das zu einem Schlüsselwerk der Weimarer Klassik werden sollte.

Vier Jahre nach seiner Ankunft in Weimar wurde es am Weimarer Liebhabertheater uraufgeführt. Er selbst gab Iphigenies Bruder Orest, Iphigenie spielte die Schauspielerin Corona Schröter. Schön, begabt, gefeiert.

11

Das Empfangszimmer
des Gartenhauses
mit einer Büste des
Züricher Theologen
Caspar Lavater.

Foto: M. Kneise

Eine Zeichnung von seiner Hand zeigt sie schlafend, man kann sie in der Bibliothek gleich neben dem Arbeitszimmer sehen. Sie müssen sich nahegestanden haben, nicht nur in den antiken Verwicklungen auf der Bühne. Doch es gab Konkurrenz: Der Herzog selbst warb um sie. Noch so eine unerfüllte Leidenschaft.

Und die erfüllte?

Auch diese Geschichte begann an diesem Ort, nur später. An jenem Sommertag 1788, als im Park vor dem Gartenhaus eine junge Frau an ihn herantrat und um Protektion ihres schreibenden Bruders bat.

Er versprach Hilfe und bestellte sie zu sich. Den Rest kennt die Welt. Goethe und Christiane. Die Geschichte des ungleichen Paares, des Genies und des einfachen Blumenmädchens. Mit dem er die Lust und Freuden der Liebe durchbuchstabierte.

„Des geschauckelten Bettes lieblich knarrender Ton ..." Auch so konnte er sein. Man schaut sich im Schlafzimmer um, entdeckt das Bett, leicht gebaut, zusammenfaltbar und fragt sich leise, wie das instabile Möbelstück solchen Herausforderungen standhalten konnte.

Aber nein, es ist nicht das Original. Es ist das Reisebett, das er mit sich führte, um den Wanzen fremder Gasthäuser zu entgehen.

Die Illusion der Authentizität verspricht zuweilen auch zu viel.

DIE ANFÄNGE DES ILMPARKES

Goethe selbst übernahm die Initiative für die Entstehung des heute nach ihm benannten Parkes an der Ilm. Als der Dichter 1776 das Grundstück am östlichen Ilmhang bekam, um darauf sein Gartenhaus nebst Garten herzurichten, war die Gegend drumherum noch wild und einsam.

Der Hang, so zeigt es etwa eine Darstellung von Georg Melchior Kraus von 1777, war damals noch eine Obstwiese oder Gemüseanbaufläche. Von hier ging Goethe gewöhnlich hinüber zum Haus der Frau von Stein.

Dies dürfte dann wohl auch mit den Anstoß für erste Gestaltungsideen entlang des Weges gegeben haben. So schickte sich der Dichter an, am seinem Garten gegenüberliegenden Uferhang der Ilm „seltsame romantische Flecken zu erfinden und mit den Händen der Liebe zu polstern".

INFORMATIONEN

GOETHES GARTENHAUS IM WEIMARER ILMPARK IST FÜR BESUCHER TÄGLICH AUSSER MONTAG GEÖFFNET.

November bis März: 10 bis 16 Uhr
April bis Oktober: 10 bis 18 Uhr
Der Eintritt kostet 6 Euro, ermäßigt 4,50 Euro.

© Stepmap, 123map · Daten: OpenStreetMap , Lizenz ODbL 1.0 / Grafik: Andreas Wetzel

Treppe zum Olymp
Weimar: Goethes Wohnhaus

Diese Treppe! Sie will nicht so recht passen zu dem dunklen Hof mit seinen buckligen Pflastersteinen, den man durchqueren muss.

Breite Stufen, niedriger Tritt. Die Treppe zwingt zur Bedächtigkeit. Hier herauf eilt man nicht. Man schreitet.

Wie mag sich ein Besucher gefühlt haben, wenn er mit dem ersehnten Billett in der Tasche, das ihm wohlwollenden Empfang versprach, hier hoch schritt? Winzig und unbedeutend? Oder auserwählt, auf dem Weg zum Olymp?

Hausherr Goethe nach einem Gemälde von Joseph Karl Stieler.

Goethes Wohnhaus am Frauenplan in Weimar. Aus Anlass des 125. Gründungsjubiläums des Goethe-National-
museums im Sommer 2010 wurde das Hauptportal festlich geschmückt.   Foto: M. Kneise

2007 ließ sich der ehemalige französische Präsident Valéry Giscard d'Estaing durch das Goethehaus führen. Das Foto zeigt ihn im Junozimmer.

Foto: M. Baar

So mancher Verehrer musste lange warten, ehe ihm der Zugang in diese Räume gewährt wurde. Heute genügt eine Eintrittskarte an der Kasse.

An der Türschwelle ein kurzes Stutzen vor dem in das Holz eingelassenen „Salve". Man macht einen großen Schritt – irgendwie unpassend, auf Goethes Gruß zu treten – und steht im Empfangssaal. Blühende Osterglocken auf dem polierten Tisch, kolorierte Radierungen an den Wänden, die von Amor und Psyche erzählen.

Hier empfing Goethe seine Besucher, hier kamen größere Gesellschaften zusammen, hier repräsentierte der Geheime Rat.

Obwohl, wo tat er das hier nicht? Jedenfalls in den vorderen Räumen. Kolossale Gipsabgüsse antiker Gottheiten, ein Wandfries nach Vorlagen aus Pompeji und Herculaneum, Mappenschränke für Zeichnungen und Kupferstiche, Gemälde an den Wänden, Deckenausmalungen.

Als würde man ein herzogliches Kunstkabinett betreten, oder ein Museum für antike Künste. Der Eindruck ist nicht ganz falsch. Der Hausherr selbst sprach davon, als er das Haus umbauen ließ. Abendgesellschaften, Teerunden,

Soupers, welch kluge Gespräche haben diese Wände auf-
gesogen. Kleist, Jean Paul, Hegel, Hölderlin … Sie alle waren hier.

Wenn man Glück hat, erwischt man einen einsamen
Moment und hört das Holpern von Kutschenrädern vom
Frauenplan hinauf. Geräusche verwehter Zeiten. Heute sit-
zen Touristen im Gefährt, damals brachte es womöglich
neue Gäste.

Man stellt sich vor, wie er aus diesem Fenster Ausschau
gehalten hat. Ah, der Schiller kommt.

Intimer wird es in den hinteren Räumen. Christianes
Zimmer, ein kleiner Raum mit Blick in den Garten. Ein
winziges Sofa mit roten Polstern. In der Vitrine beschei-
dene Requisiten eines bescheidenen Daseins. Geschliffene
Flacons, eine Boa-Feder, ein Fächer.

An der Wand die Zeichnung, die Goethe von ihr anfer-
tigte, als sie schlief. So zart, dass man sehr nahe herantre-
ten muss, um ihre Züge zu erkennen.

Vom letzten der Gesellschaftszimmer blickt ernst der
Herzog von Urbino in steifer Halskrause von der Wand.
Goethe soll in ihm seinen Torquato Tasso gesehen haben.

Auf der Türschwelle
zum Gelben Saal
heißt der lateinische
Gruß „Salve" Besucher
willkommen.

Foto: R. Obst

Im Arbeitszimmer steht fast alles noch so wie es war, als Goethe in der angrenzenden kleinen Schlafkammer am 22. März 1832 starb.   Foto: M. Kneise

Ein Dichter im Konflikt zwischen höfischer Pflicht und Kunst. Ein Leidensgenosse.

Verlässt man den Raum, geht es rechts vier Stufen hinab.

Wenn das Haus am Frauenplan das Allerheiligste in Weimar ist, dann ist dieser Bereich sein Herzstück. Goethes Arbeitszimmer.

Ein kleines Gitter trennt den Besucher vom Raum, er bleibt Zaungast. In der Mitte der große Tisch mit Tintenfass und Feder. Als würde gleich Goethe herbeieilen, hier auf und ab schreiten und mit dem Diktat beginnen. In seinen letzten Jahren soll er sogar das Mittagsmahl hier unten eingenommen haben, wenn die Räume oben zu kalt waren. Und an den Nachmittagen saß er am Tisch und las. Das Kissen, worauf er die müden Arme stützte, liegt noch auf dem Tisch.

Eine Tür führte ins Schlafzimmer. Kein Schmuck, kein Gemälde. Nur zwei Tabellen mit Übersichten zur Tonlehre und Geologie, daneben ein gläsernes Barometer. Ein nüchterner Raum, fast eine Zelle. Hier war Goethe ein Asket. Über dem Kiefernholzbett ein bescheidener Wandbehang.

1831 ließ er den Sessel neben das Bett aufstellen. Grüne Polster, ein besticktes Kissen.

Blick in die Bibliothek Goethes neben dem Arbeitszimmer.

Foto: M. Kneise

Goethes Kutsche,
die der Dichter für
kleinere Ausfahrten
benutzte.

Foto: M. Kneise

Gunter Grobe mit
seinen Kutschpferden
vor Goethes Wohn-
haus am Frauenplan.
Der Weimarer lädt
Gäste zu Entde-
ckungsfahrten durch
die Stadt, ganz so wie
zu Goethes Zeiten.

Foto: M. Kneise

Auf diesem Sessel starb er, zur Mittagsstunde des 22. März 1832. Gegenüber ist das Fenster. Man kann ein Stück Garten dahinter sehen, die niedrige Steinmauer, den Himmel darüber.

Gut möglich, es war der letzte Blick Goethes auf die Welt.

FURCHT VOR DER ENDLICHKEIT

Der große Goethe, er fürchtete den Tod. Er vermied jede Begegnung, die ihn an Krankheit und Verfall erinnerte. An die Endlichkeit des Lebens.

So hatte er es schon gehalten, als sein Freund Schiller im Sterben lag. So hielt er es, als Christiane ihre letzten qualvollen Tage verbrachte. Forscher vermuten, dass die 51-Jährige an einem Nierenversagen krankte. Hatte Goethe in seinem Arbeitszimmer und später in seinem Bett, wohin er sich vergrub, ihre Schreie gehört? War er bei ihr in der letzten Stunde?

Es gibt viele Vermutungen, doch die letzte Wahrheit kennen nur die Wände des Hauses.

Goethe selbst schreibt am Todestag, es war der 6. Juni 1816: „Leere und Totenstille in und außer mir." Den Gang zum Begräbnis zwei Tage später versagt er sich.

INFORMATION

DAS GOETHEHAUS IM WEIMAR IST FÜR BESUCHER
TÄGLICH AUSSER MONTAG GEÖFFNET.

November bis März: 9.30 bis 16 Uhr
April bis Oktober: 9.30 bis 18 Uhr
Der Eintritt kostet 12 Euro, ermäßigt 8,50 Euro.

Das erste Heim des Dichters
Weimar: Schillers Wohnhaus

Er sitzt auf der Erde, den Körper gegen den Stamm eines alten Baumes gelehnt. Eine Mattigkeit spricht aus der Haltung, Resignation, eine Spur Ratlosigkeit wohl auch.

Die Szene in Öl zeigt Schiller auf der Flucht aus seiner württembergischen Heimat im Herbst 1782. Sie begegnet dem Besucher, noch bevor er die Wohnräume des Hauses betritt. Man mag sich seinen Reim darauf machen.

In jenem Herbst begannen die Jahre eines Getriebenen, der rastlos lebte und schrieb, als ahnte er, dass ihm nicht viel Zeit bleiben würde. Dessen Sehnsucht nach einem Ankommen sich erst 20 Jahre später an diesem Ort erfüllen sollte.

1802 kaufte er das Haus an der damaligen Esplanade und zog mit Ehefrau Charlotte und den Kindern Karl, Ernst und Caroline ein. Zwei Jahre später wurde noch Emilie geboren.

Erfüllte sich hier seine Sehnsucht?

Man betritt die Räume im ersten Geschoss. Nicht sehr hoch die Zimmer, die Tapeten und Bordüren verraten Mut zu Farbe. Man mag sich vorstellen, wie hier die Schiller-Kinder durch die Zimmerfluchten tobten, wenn die Überlieferung stimmt, dass es die Eltern nicht streng hielten. In der Vitrine Porzellan und Sektkelche. Wer hat an ihnen genippt? Frau von Stein, die oft zu Besuch weilte? Wilhelm von Humboldt, ein gern gesehener Gast? Goethe bestimmt, der Weg vom Frauenplan war nicht weit, man besuchte sich oft.

Stühle mit geschnitzten Lehnen, zierliche Tische, das Kastensofa im Salon, sie verströmen eine bürgerliche Behaglichkeit. Doch Schiller hat in diesen Polstern nie gesessen. Das Interieur ist zeittypisch, wurde aber erst nach Schillers Tod zusammengetragen. Wer hier Reliquien braucht, um Aura zu spüren, der muss sich an Schillers Locke im Vitrinenschrank von Charlottes Zimmer halten.

Um Schiller nah zu sein, muss man unters Dach. Im Arbeitszimmer ist fast alles noch so, wie es damals war.

An der damaligen beschaulichen Esplanade in Weimar erwarb Schiller 1802 dieses Haus. Heute ist es als Museum zugänglich.

Foto: M. Kneise

Blick auf das Arbeits-
zimmer Schillers. Hier
ist noch fast alles
so erhalten, wie der
Dichter es bewohnt
hat.

Foto: M. Kneise

Ein kurzes Zögern vor der niedrigen Tür. Er, hoch-
gewachsen für seine Zeit, muss sich jedes Mal gebückt
haben. Fünf Schritte und man steht vor seinem Schreibtisch. Hier hat er gesessen, als er „Die Braut von Messina"
schrieb. So fiel das Licht durch die Fenster, als an diesem
Platz der „Tell" entstand. Aus den Tiefen dieser Schubla-
den verströmten die Äpfel ihren Duft, den er so liebte.

Und diese Wände. So grün kann keine Rütli-Wiese sein
im Frühling. Er hat die Tapete selber ausgesucht. Ach hätte
er sie nur gewechselt, er hätte sich wohler gefühlt. Ihre
Farbe, haben sie zwei Jahrhunderte später festgestellt, waren ein übles Giftgemisch. Heute sind die Wände mit
Nachbildungen versehen.

Er, an dessen Dramen sich Revolutionäre entzündeten,
hatte sich nach Ruhe gesehnt. Nach der Beschaulichkeit eines Familienlebens, nach der Verlässlichkeit eines Alltags.

Das Gesellschafts-
zimmer mit einem
Abguss der berühm-
ten Schiller-Büste
von Johann Heinrich
Dannecker.

Foto: M. Kneise

Unter diesem Dach hat er es wohl mehr gefunden, als an jedem anderen Ort. Ob er glücklich war hier? Vermutlich hätte er ja gesagt.

Und trotzdem hängt auch eine Melancholie in diesen Räumen unterm Dach.

Was ahnte er, als er seinem Schwager Wilhelm von Wolzogen von der Hoffnung schrieb, sein fünfzigstes Jahr mit ungehinderten Geisteskräften zu erreichen? Das war 1804, er war 44 und ihm blieb nur noch ein Jahr. Welche Ängste lauerten in den Zimmerecken, wenn ihn wieder einmal ein Fieber oder Schmerzen auf das Bett zwangen? Es steht in der Zimmerecke, schmal, dunkel, kastenförmig, fast schon wie ein Sarg.

Wie war das, als er zum letzten Mal dieses Haus verließ, um im Theater einem Lustspiel zu folgen? Als er zurückkehrte, musste er schon gestützt werden, ein Fieber, wieder einmal. Und dann die letzten Tage in diesem Zimmer. Der letzte Versuch, am Demetrius-Drama zu schreiben. Auf dem Schreibtisch liegt noch die Feder, das Tintenglas, in das er sie tunkte, das Blatt mit den letzten Zeilen.

Die letzte Berührung der gerade geborenen Tochter, die er sich ans Bett bringen ließ. Das Delirium, die durchwachten Nächte von Charlotte und Caroline. Der Tod am Abend des 9. Mai 1805. Auch davon könnten die Wände hier erzählen.

25

In der Küche sind
Teller und Töpfe zu
sehen, wie sie um
1800 üblich waren.

Foto: M. Kneise

HYPOTHEK AUF EINEN TRAUM

2000 Reichstaler im Jahr wären nötig, um mit Anstand hier zu leben, schrieb Schiller 1804. Ein Leben lang litt er unter chronischen Geldsorgen.

Als der Dichter nach Weimar kam, zahlte ihm der Herzog gerade einmal 200 Reichstaler im Jahr. Goethe bekam beinahe das Zehnfache. Außerdem bekam der sein erstes Domizil in Weimar vom Herzog geschenkt.

Schiller musste sein Haus kaufen. Für 4200 Reichstaler, eine Summe, die er gar nicht hatte. Um seinen Traum zu erfüllen, musste er sich tief verschulden.

Die Vorstellung, er könnte der Familie einen Berg Schulden hinterlassen, trieb den Familienvater um. Er stellte eine harte Kalkulation auf: Ein Drama pro Jahr. Als er nur drei Jahre nach dem Einzug starb, war es ihm tatsächlich gelungen, das Haus schuldenfrei zu hinterlassen.

INFORMATION

SCHILLERS WOHNHAUS IN WEIMAR IST FÜR BESUCHER TÄGLICH AUSSER MONTAG GEÖFFNET.

November bis März: 9.30 bis 16 Uhr
April bis Oktober: 9.30 bis 18 Uhr
Der Eintritt kostet 7,50 Euro, ermäßigt 6 Euro.

© Stepmap, 123map • Daten: OpenStreetMap , Lizenz ODbL 1.0 / Grafik: Andreas Wetzel

Napoleon und die mutige Frau
Weimar: Das Residenzschloss der Herzöge

Die Marmortreppe führt in die Belle Etage. Polierte Parkett-
böden, funkelnde Kronleuchter, raumhohe Spiegelwände.

Ein Schloss ist kein Gartenhaus, so viel Glanz schafft Ab-
stand. Empfangszimmer, Gesellschaftszimmer, noch ein
Gesellschaftszimmer. Sich hier vorzustellen, wie sich der
Geist der Weimarer Klassik in einem Alltag manifestierte,
ist nicht ganz einfach.

Man könnte mit Goethe beginnen, wie er mit wehenden
Rockschößen, die Baupläne in der Hand und Mörtelstaub
im Haar, durch den Rohbau eilt. 1774 war das Schloss wieder einmal bis auf die Umfassungsmauern niedergebrannt
und Herzog Carl August hatte Goethe zum obersten Bau-
leiter ernannt. Der engagierte nacheinander die Architekten Arens, Thouret und Gentz.

Doch die Bauphasen mit ihren wechselnden Widrigkei-
ten, von denen eine „Französische Revolution" hieß, weil sie
zu finanziellen Engpässen führte, mag man überspringen
und sich gleich dem Ergebnis zuwenden. Zum Beispiel dem
Festsaal, der zu einem klassizistischen Glanzstück wurde.

Volutengeschmückte Säulen wie auf der Akropolis, ein
Wandfries wie in einem römischen Tempel, Tafeln mit as-
syrischer Keilschrift: Der Saal zitiert die großen Kulturen
des Altertums. Na gut, ein wenig auch diesseitige Leiden-
schaften. Eine der vier Musen-Statuen trägt die Züge der
Schauspielerin Caroline Jagemann, der Geliebten von Herzog Carl August.

Dann entdeckt man die eisernen Ungetüme an den Wänden, denkt an die Damen mit tiefen Dekolletés im Ball-
kleid und hat einen Verdacht: Das müssen die Öfen sein.
Man streckt die Hand aus, um das zu prüfen, und schreckt
zusammen. „Vorsicht, das wird heiß!"

Fast 500 Jahre lang residierten im Stadtschloss die Herzöge von Sachsen-Weimar
und Eisenach. In seinen Räumen kann man bis heute dem
einstigen Hofleben nachspüren.

Foto: M. Kneise

Im prächtigen Zedernzimmer empfing Großherzogin Maria Pawlowna gern Gesellschaften.

Foto: M. Kneise

Es ist Frau Ammerschuber von der Saalaufsicht. Ob man den Liszt-Flügel gesehen hat und ob man denn schon im Genztschen Treppenhaus war und auch nicht einen Blick nach oben zur Glaskuppel vergessen hat? Und dann, diese Marmortreppe! Oben stand Herzogin Luise und unten Napoleon, dessen plündernde Truppen gerade in Weimar eingezogen waren. Das müsse man sich mal vorstellen. Die kleine stolze Luise bot Napoleon die Stirn.

Eigentlich, raunt sie dem Besucher zu, dürfe sie gar nichts erzählen, sie sei ja nur die Aufsicht. Und als bodenständige Frau hat Frau Ammerschuber ihre ganz eigene Sicht auf die Dinge im herzoglichen Haus. Die arme Luise neben diesem groben Carl August. Untreu war er auch noch. Ach und die Luise, so eine feine Frau.

Doch hinter den Schlossfenstern zieht sachte Dämmerung auf, man müsse, rät Frau Ammerschuber, doch noch in den Westflügel, in die Gemächer von Maria Pawlowna. Und im Boudoir einen Blick zur Decke werfen, ruft sie noch. Unbedingt!

Also eilt man die Zimmerfluchten zurück, durch das Zedernzimmer mit der edlen Wandverkleidung und den Kupferstichen, vorbei an Tischbeins monumentalem His-

Der Festsaal mit den umlaufenden ionischen Säulen wurde ganz im Sinne des Klassizismus gestaltet. Die Schmuckelemente zitieren die Antike und die Hochkulturen im alten Ägypten und Mesopotamien.

Fotos: M. Kneise

Maria Pawlowna, die Zarentocher am Weimarer Hof, auf einem Porträt von Johann Tischbein.

Klassik Stiftung

31

Das Prunkbett gehörte zum vielbewunderten Brautschatz, den Maria Pawlowna vom Petersburger Hof nach Weimar brachte.

Foto: M. Kneise

torienbild, das Homers „Ilias" erzählt, findet sich plötzlich inmitten altrussischer Zarenpracht wieder. Die Marmorgalerie mit dem üppig stuckverzierten Tonnengewölbe trägt die Handschrift der Zarentochter. Kein Zweifel.

Und dann steht man in Maria Pawlownas Boudoir. Winzig, fast eng dieser Raum, wenn nicht eine Schiebetür den Ausgang, eine Flucht in den Wintergarten böte. Ein halbrundes Sofa füllt die Nische gegenüber aus. Viel mehr als noch ein Teetisch passt hier nicht hinein. Hierhin zog sich Maria Pawlowna zurück, allein oder mit nahen Menschen. Hier fanden vertraute Gespräche statt, von denen höchstens noch die beiden Statuen in der Wand erzählen könnten.

Es ist vielleicht der intimste Raum in diesem Schloss. Und ein erleichternder Beweis dafür, dass auch Zarentöchter nicht nur Spiegelsäle brauchten.

Merkwürdig nur, dass man ausgerechnet aus diesem Privatraum direkt in den Conseilsaal gelangt. Zwischen den mit rotem Samt ausgeschlagenen Wänden fanden Sitzungen statt und offizielle Empfänge. Wahrscheinlich muss man auf einem Zarenhof aufgewachsen sein, um sich ausgerechnet in solch staatstragender Nachbarschaft entspannen zu können.

Ein Schlüsselbund klappert. Die Schließzeit naht. Ach, die Decke noch! Ein Blick nach oben und man entdeckt ein winziges ausgemaltes Lichtfenster. Hier steckt die Überraschung im Detail. Man darf es nur nicht zu eilig haben.

DEPESCHEN NACH PETERSBURG

18 Jahre alt war die Zarentochter Maria Pawlowna, als sie Carl Friedrich 1804 an den Weimarer Hof folgte. Wie sah sie die kleine Residenz? Antworten finden sich in Briefen an die Familie.

Den Grazien hätten die Gelehrten der Stadt keine Opfer dargebracht, depechierte sie spöttisch, und meinte Wieland, Goethe und Schiller. Ersterer mit seinem unvermeidlichen Käppchen, der Dichterfürst mit seinem Hut, den er steif wie einen Blumentopf hielt und Schiller, schön, jedoch leidend.

Als eine Mischung von Hohem und Niedrigem beschrieb sie Weimar. Das Bevölkerungswachstum sei groß, trotz der vielen Selbstmorde, so ihr trockener Kommentar. Sie schrieb auch von Befangenheit den Weimarer Denkern gegenüber. Vor allem Goethe, dem ewigen Skeptiker, der sie verunsicherte.

INFORMATION

DAS RESIDENZSCHLOSS IN WEIMAR IST FÜR BESUCHER TÄGLICH AUSSER MONTAG GEÖFFNET.

November bis März: 9.30 bis 16 Uhr
April bis Oktober: 9.30 bis 18 Uhr
Der Eintritt kostet 7,50 Euro, ermäßigt 6 Euro.

© Stepmap, 123map · Daten: OpenStreetMap, Lizenz ODbL 1.0 / Grafik: Andreas Wetzel

Die Herrin der Tafelrunde
Weimar: Das Wittumspalais
der Anna Amalia

Im Treppenhaus steht ihre Portechaise. Als würde sie jeden Moment die geschwungene Treppe heruntersteigen für einen kurzen Weg. Ein paar Minuten und sie wäre am Frauenplan oder am Stadtschloss bei Sohn und Schwiegertochter. Schiller wohnte nur wenige Schritte entfernt.

Das sind die Orte, die Weimar-Reisende gewöhnlich aufsuchen. Eigentlich müssten sie alle hier beginnen. In diesem Palais, denn hier lebte die Herzoginwitwe und Regentin Anna Amalia. Die Frau, mit der alles seinen Anfang nahm.

Hätte sie nicht Wieland als Prinzenerzieher an den Hof geholt, der den künftigen Herzog Carl August in Achtung vor der inspirierenden Kraft der Kunst erzog, hätten Carl August und Goethe je eine Gemeinsamkeit gefunden?

Im Rückblick ist es unerheblich, ob Wieland in Weimar die Sicherheit einer Existenz suchte oder ob ihn die Nähe zur Jenaer Universität lockte. Vieles in der Geschichte beginnt mit einem Zufall. Doch dann braucht es eine gestaltende Kraft, die aus einer Möglichkeit eine Wirklichkeit schafft.

16 Jahre war sie alt, als sie Weimars Herzog Ernst August II. heiratete. 18 Jahre, als sie Witwe wurde. 18 Jahre und ein Herzogtum, das sie für Carl August regierte bis er volljährig war. Gegen Widerstände von Räten und Landständen, sie hätte es einfacher haben können. Und nichts hatte sie darauf vorbereitet. Sicher, im Wolfenbütteler Schloss, wo sie aufwuchs, erhielt sie die standesgemäße Erziehung einer Prinzessin. Doch für eine Regentschaft, zumal als Frau, zumal blutjung, braucht man eine innere Verfassung. Einen Gestaltungswillen. Ein Selbstbewusstsein.

Woher speiste sich das? Aus einer geborgenen Kindheit kaum. Ungeliebt, benachteiligt, hässlich gar. So hat sie sich gefühlt. Man muss schon ein starker Mensch sein, um sich

Das Wittumspalais wurde 1767 bis 1769 von Jakob Friedrich Fritsch als Stadtpalais errichtet. Mehr als 30 Jahre lebte hier Anna Amalia. Foto: M. Kneise

Anna Amalia, Herzo-
gin von Sachsen-
Weimar-Eisenach,
auf einem Ölgemälde
von Georg Melchior
Kraus.

Klassik Stiftung
Weimar

gegen eine solche Mitgift durchzusetzen. Und gegen eine
Einsamkeit der frühen Witwenschaft auch, denn an der
Spitze ist es immer einsam … „kein Freund, dem ich mich
aufschließen konnte. Ich fühlte meine Untüchtigkeit, und
dennoch musste ich alles in mir selber finden", schrieb sie
über diese Zeit.

War sie eine starke Frau? Sie muss es wohl gewesen sein.

Sie liebte die Künste. Umgab sich mit Intellektuellen, ob
sie einen Adelsnamen vor sich hertrugen, war nicht von Bedeutung. In ihrem Musenhof zählten andere Eitelkeiten. Sie
komponierte, malte, schrieb, spielte Theater. Sie schuf einen
Hof, der in seiner Atmosphäre freier war als die meisten anderen auf dem Flickenteppich der deutschen Kleinstaaten.

Man läuft die geschwungene Treppe hinauf, einige
Schritte und man steht im Allerheiligsten: dem Tafelrun-

den-Zimmer. Der runde Tisch, die Stühle mit den geschnitzten Rhomben, man erkennt sie aus dem berühmten Bild von Georg Melchior Kraus. Man sieht sie vor sich,
die Damen und Herren der Gesellschaft in Betrachtung
höherer Dinge. Eingehüllt in warmem Kerzenschein, als
tage hier ein geheimer Verschwörerbund.

Man mag sich vorstellen, wie sie nach einem solchen
Abend durch die Flucht der Zimmer in ihr Schlafgemach
eilt. Durch den Salon mit den leuchtend roten Wänden
und der antiken Frauenstatue. Vorbei am zweiten Roten
Salon, an dessen Wänden man heute den Großen von Weimars Klassik begegnet.

Und dann steht man in einem winzigen Durchgangszim-
mer, das allein ihr gehörte. Lindgrüne Wände, ein schma-
les Bett, Tisch und Kommode von schlichter Form. Nun
gut, die klassizistisch gehaltenen Möbelstücke waren damals der letzte Schrei. Trotzdem. Die Bescheidenheit dieses intimen Raums überrascht. Und das Kastenbett in der
Ecke, wirklich einladend sieht es nicht aus. War sie in per-
sönlichen Dingen wirklich so puristisch? Ach nein, zum
Glück nicht wirklich. Die Vitrine im Nebenraum verrät es.

Blick in das berühmte
Tafelrunden-Zimmer,
in dem Anna Amalia
ihre legendären Ge-
sellschaften abhielt.
Georg Melchior Kraus
hat die Zusammen-
künfte von Weimars
Größen in einer
Zeichnung verewigt.

Foto: M. Kneise

Im Roten Salon empfing eine antike Frauenstatue die zahlreichen Besucher.

Fcto: M. Kneise

Ein zierlicher Schuh aus roter Seide, aufwendig bestickt, er könnte fast der sein, den Aschenputtel auf der Flucht verlor. Sie soll, wenn es stimmt, unzählige Paare besessen haben. Eine Frau mit einer Schwäche für Schuhe. Das bringt sie uns noch ein wenig näher.

Doch in dem Raum steht auch etwas Seriöses, ihr Schreibsekretär. Der war ihr wichtig. Eigentlich gab es immer eine Korrespondenz zu erledigen. Mit der Familie, mit Goethes Mutter in Frankfurt, mit Künstlern und Gelehrten.

Und hier schrieb sie an ihren Briefen über Italien. Ein literarischer Rückblick auf ihre italienische Reise, die sie unternahm, um „endlich einmal sich selbst zu gehören." Ein Satz, der sehr modern klingt.

Sie liebte das Theater. Man amüsierte sich vor allem mit Komödien und wer zum auserwählten Kreis gehörte, der durfte schon mal einer Aufführung im eigenen Haus beiwohnen. Im Festsaal, mit der prächtig ausgemalten Decke, glitzernden Leuchtern und dem Marmorimitat an den Wänden.

Im April 1807 wurde dieser Raum, der zu ihren Lebzeiten der Freude diente, Ort einer traurigen Zeremonie. Zwischen mit schwarzem Tuch ausgeschlagenen Wänden wurde sie drei Tage nach ihrem Tod aufgebahrt.

Keine 68 Jahre war sie geworden. Damals ein hohes Alter. Ein erfülltes Leben? Ganz sicher. Auch ein glückliches? Das könnte nur sie beantworten.

VERBOTENE LIEBE

Wie man selbst heute klassischen Weimar-Klatsch aus dem Hut zaubert, zeigte Ettore Ghibellino. In einem Buch hat er die These entwickelt: Goethe und Anna Amalia waren ein heimliches Paar. Charlotte von Stein, die Empfängerin schwärmerischer Briefe, soll nur die Strohfrau gewesen sein.

Ghibellino ist Jurist und weiß eine echte Indizienkette zu knüpfen. Zum Beispiel: Das viele Italienische und Lateinische, das in Goethes herzlichen Depechen vorzufinden ist. Wozu, wenn Charlotte diesem Fremdländischen nicht mächtig war?

Man hätte der früh verwitweten Frau ja eine leidenschaftliche Liaison von Herzen gewünscht. Doch als Jurist muss sich Ghibbelino einer Grundregel seines Standes beugen: Die Unschuldsvermutung gilt bis zum Beweis des Gegenteils.

INFORMATION

DAS WITTUMSPALAIS IM WEIMAR IST FÜR BESUCHER
TÄGLICH AUSSER MONTAG GEÖFFNET.

November bis März: 10 bis 16 Uhr
April bis Oktober: 10 bis 18 Uhr
Der Eintritt kostet 6 Euro, ermäßigt 4,50 Euro.

Die Spur der Bücher
Weimar: Wie nach dem Brand der Anna Amalia Bibliothek die geretteten Aschebücher identifiziert werden

Der Geruch ist noch immer da. Säuerlich, nach kalter Asche und Rauch. Er hat sich festgesetzt unter dem Gebälk der alten Carlsmühle, entweicht wie ein böser Geist den grauen Schachteln, die zu Hunderten, zu Tausenden dort gestapelt sind. Die Aschebücher von Weimar.

Retter haben sie in jener Brandnacht aus dem qualmenden Schutt geborgen. Das Feuer hat sich durch die Einbände gefressen, bei einigen sind die inneren Seiten nur von Brandrändern umgeben, bei anderen sind nur noch Fragmente des Schriftspiegels lesbar.

Was sind das für Bücher? Wann wurden sie gedruckt und wo? Wer hat seine Notizen auf den Seiten hinterlassen? Existieren vielleicht weitere Exemplare oder sind es unwiederbringliche Unikate?

Nicht zuletzt dieses Wissen entscheidet, ob ein Aschebuch in der Legefelder Werkstatt restauriert wird.

Mundschutz, grüner Kittel, Schutzhandschuhe. Hildegard Nestler sieht aus wie eine Oberärztin im OP. Sie ist aber Bibliothekarin, und der Patient vor ihr auf dem Tisch ist eine Ausgabe von Ovids „Metamorphosen". In lateinischer Sprache mit ausführlichen Anmerkungen in Deutsch. So viel steht fest.

Doch aus welcher Werksausgabe des antiken Dichters stammt der Band? In welchem Jahr ist er erschienen?

Hildegard Nestler versucht einen Abgleich mit dem Bestandskatalog der Bibliothek. Auf dem Bildschirm erscheinen 30 Treffer für Ovid-Gesamtausgaben. Viele davon sind aus dem 20. Jahrhundert, die scheiden aus. Das Aschebuch vor ihr ist viel älter. Druck und Beschaffenheit der Lettern sprechen für die Mitte des 18. Jahrhunderts.

1766 erhielt die Herzogliche Bibliothek in diesem einstigen Schlösschen ihr Domizil.   Foto: M. Kneise

Blick in den berühmten Rokokosaal der Herzogin Anna Amalia Bibliothek. Ein prächtiges Haus nur für Bücher war im 18. Jahrhundert noch eine Seltenheit an deutschen Höfen.

Foto: M. Kneise

Eine in Holland erschienene 15-bändige Ausgabe könnte passen. Doch da stimmt das beschriebene Format nicht mit dem Aschebuch überein.

„Ein Vielleicht", sagt sie, „hilft nicht. Man muss es genau wissen, jede falsche Zuordnung fällt einem später auf die Füße."

Am Ende bringt der Vergleich mit einem Exemplar Gewissheit, das die Bibliothek nach dem Brand angekauft hat.

So unkompliziert geht es nicht immer. Nicht alle Aschebücher sind Ausgaben klassischer Werke. Zum Beispiel. Da

verlangt schon die Suche nach Titel und Autor detektivische
Geduld. „Oft haben wir Glück, wenn wir Textsequenzen
über die Suchmaschine Googlebooks abgleichen", erklärt
Mitarbeiterin Kirsten Krumeich. Doch das genügt nicht.
Auch hier wieder die Frage: Wann wurde das Buch ge-
druckt? Zu welcher Gesamtausgabe gehört es womöglich?

Es gibt Bücher, die wurden nie im Weimarer Bestand er-
fasst, aus welchen Gründen auch immer. Dann beginnt die
Suche in anderen Bibliotheken. Wo stimmen Seitenläufe
überein, Bogensignaturen, mit denen die Drucker die Fal-

Am Abend des 2. September 2004 brach ein verheerendes Feuer in der Herzogin Anna Amalia Bibliothek aus, das sich zum größten Bibliotheksbrand in Deutschland seit dem Zweiten Weltkrieg ausweitete.

Foto: M. Baar

tung für den Buchbinder kennzeichneten? Vielleicht, so die Hoffnung, dass irgendwo noch ein Zwillingsbuch aufbewahrt ist.

Und manchmal hilft das alles nicht weiter. Dann hat man ein gerettetes Buch, aber ohne Identität.

In Weimar hat man sich zu einem unkonventionellen Versuch entschlossen, den es in der deutschen Bibliothekslandschaft so noch nicht gegeben hat: Man schickte Hilferufe in die Tiefen des Internets, wo Historiker, Sammler, Bibliothekare, Archivare, Germanisten und Kulturwissenschaftler ihre Foren haben. Warum, fragte man sich in Weimar, sollte man deren Sachverstand nicht nutzen?

Der Suchaufruf führt zu einer Datei der Bibliothek, wo die Aschebücher ohne Identität beschrieben werden: Vermutetes Erscheinungsjahr, Beschreibung, Anfänge von Textfragmenten, Abbildungen der Seiten – all die Informationen, die zu einer Antwort führen könnten. Ein weiterer Link führt zum Diskussionsforum.

Zum Beispiel das Fragment jenes Buches, das der Autor mit höchst interessanten technischen Zeichnungen versehen hat. Dampfmaschinen, Handpressen, Setzkästen … Historische Requisiten aus der Buchdrucker-Kunst?

Kurz nachdem der Steckbrief im Netz stand, meldete sich eine Frau aus Mainz. Als ehemalige Volontärin des Gutenberg-Museums in Mainz habe sie der Fall nicht losgelassen. Die Suche führte sie unter anderem in die Kataloge der Sächsischen Landesbibliothek Dresden. Ihr Verdacht: Es muss sich bei den Zeichnungen um Tafeln aus dem Conversations-Lexikon für Künstler und Handwerker, Fabrikanten und Maschinisten handeln. Herausgegeben im Jahr 1841.

Tatsächlich konnten die Mitarbeiter um Kirsten Krumeich den Verdacht bestätigen. Für sie besonders interessant, weil es in einem Weimarer Verlag herausgegeben wurde, konstatiert die Bibliothekarin.

Von besonderer Bedeutung sind für die Wissenschaft auch jene Aschebücher, auf deren Seiten handschriftliche Notizen auftauchen. Sie erzählen von der Rezeptionsgeschichte des Werkes, von Auffassungen jener Zeit und verraten zuweilen auch Einiges über den Urheber der Randglossen.

Zum Beispiel jenes Werk aus dem späten 16. Jahrhundert, in dem Sigfrid Thomas über die gottesfürchtige Unterweisungen hochwohlgeborener Herrschaften nachdenkt. Ein historischer Erziehungsratgeber, versehen mit ausführlichen Bemerkungen, die, so die Vermutung, aus der Hand von Konrad Samuel Schurzfleisch stammen, dem

Mitarbeiter der Bibliothek fahnden nach der Identität der Aschebücher, deren Einbände und Deckblätter häufig verloren sind.

Foto: M. Kneise

ersten Leiter der Weimarer Bibliothek. Auch hier konnte die aus dem Feuer gerettete Schrift mit der Hilfe aus dem Netz zweifelsfrei bestimmt werden.

Allein in den ersten drei Monaten nach Start des virtuellen Suchaufrufs im Jahr 2012, konnten 22 Aschebücher ihre Identität zurückerlangen. 35 Anfragen stellten die Mitarbeiter 2012 ins Netz, 2013 waren es 25.

„Am Anfang", erinnert sich Kirsten Krumeich, „waren es vor allem Archivare und Bibliothekare, die der Hilferuf aus Weimar herausforderte. Dann wurde er noch bereiter im Netz gestreut, es suchten auch viele Historiker und Buchwissenschaftler."

28 000 Aschebücher wurden in jener Brandnacht aus dem Feuer gerettet. Fast schon galten sie als verloren.

EIN HAUCH VON EWIGKEIT

Einmal im Quartal seien die Bücher vom Staube zu reinigen. Solchermaßen instruiert, trat Andreas Rudolff 1636 seine Pflicht bei Hofe an. Dienstort: die fürstliche Bibliothek. So lange reichen die Anfänge zurück. Als fünfeinhalb Jahrzehnte später Herzog Wilhelm Ernst die Bibliothek zur öffentlichen Benutzung freigab, zählte die Sammlung etwa 1400 Bände. Das war 1691, es gilt als eigentliches Geburtsjahr der Bibliothek. Erst als Anna Amalia 1759 die Regentschaft an der Ilm übernahm, sollte die Bibliothek ein eigenes Haus erhalten. Das grüne Schloss, ein kleiner Renaissancebau, damals als Zeughaus genutzt.

Die Regentin befahl umfängliche Umbauten, darunter auch den Einbau des Rokokosaales. 1766 war Einzug, drei Wochen soll es gedauert haben, bis alle Bücher aus dem Schloss in die neuen Regale sortiert waren.

Schenkungen und Ankäufe erweiterten den Bestand: deutsche Dramen, Musikalien, Reisebeschreibungen, Journale. Und dann kam Goethe. 1797 übernahm er gemeinsam mit Christian Voigt die Oberaufsicht. Der Geheime Rat schaffte erst einmal Ordnung in den Schlendrian. 1200 entliehene Bücher! Die säumigen Nutzer bekamen Mahnungen ins Haus. Herder, Hufeland, Bertuch und nicht einmal der Herzog wurde verschont. Eine Bibliotheksordnung legte eine strikte Ausleihfrist fest. Zwölf Wochen und keinen Tag mehr.

35 Jahre lang leitete Goethe die Bibliothek. Auf 80 000 Bände wuchs der Bestand in jener Zeit. Das Haus wurde zu einer der wichtigsten Bibliotheken Deutschlands.

Nach der Katastrophe am 2. September 2004, bei der im zweiten Geschoss des Rokokosaals ein Feuer ausbrach, wurde die Bibliothek wieder hergestellt. Seit der Wiedereröffnung 2007 strömen mehr Besucher denn je in das Haus. Das längst mehr ist als eine historische Bibliothek. Und auch mehr als eine architektonische Kostbarkeit.

In Zeiten, in denen digitale Bücher zunehmend Alltag werden, auch ein Ort, in dem das uralte Kulturgut Buch seine Aura verströmt.

INFORMATION

DIE HERZOGIN ANNA AMALIA BIBLIOTHEK IN WEIMAR IST FÜR BESUCHER TÄGLICH AUSSER MONTAG GEÖFFNET.

9.30 bis 14.30 Uhr
Der Eintritt in den Rokokosaal kostet 7,50 Euro, ermäßigt 6 Euro.
Eine Anmeldung wird empfohlen.

Der Musenhof und die Schatten von Buchenwald
Weimar: Park und Schloss Ettersburg

Schloss Ettersburg ist ein Grenzort. Hier treffen die helle und die dunkle Seite Weimars aufeinander. Einerseits gibt es kaum einen anmutigeren Flecken im Weimarer Umland. Alles am wiederhergerichteten Barockbau atmet den Geist der Klassik. Am früheren Musenhof scharrt Herzogin Anna Amalia Literaten, Schauspieler und Musiker um sich, darunter Größen wie Johann Wolfgang Goethe oder die Corona Schroeder. Goethe miemt hier den Orest in der Iphigenie, Friedrich Schiller vollendet seine Maria Stuart.

Es ist das Goldene Zeitalter in Weimar, dem im darauffolgenden Jahrhundert ein Silbernes folgt. Da sind es dann der Komponist Franz Liszt, der Theaterdichter Friedrich Hebbel oder der Märchenerzähler Hans Christian Andersen, die dem Schloss europäisches Profil verleihen. Die Schneise, in dieser Zeit vom großen Landschaftsgestalter Fürst Hermann von Pückler-Muskau mutig in den Nordhang des Ettersberges geschlagen, sucht ihresgleichen.

Andererseits sind es vom Pücklerschlag nur wenige Minuten Fußmarsch bis zum ehemaligen Konzentrationslager Buchenwald. Auf dem Bergrücken des Ettersberges, dessen Schönheit noch der alte Goethe rühmte, töteten die Nazis zwischen 1937 und 1945 über 56 000 Menschen. Eine Zeitschneise macht die Nähe zur dunklen Seite der Klassikerstadt sinnfällig. Sie erinnert auch daran, dass das Leiden und Sterben auf dem Ettersberg nach 1945 im russischen Speziallager weiterging.

Die Gemeinsamkeit der Muttersprache reiche nicht aus, um Goethes Volk für Hitlers Volk verantwortlich zu machen, schrieb der Ungar György Dalos einmal über Ettersburg. Und doch liegt es wohl auch an der doppelten Ge-

schichte des Ortes, dass es Schloss Ettersburg in der zweiten Hälfte des 20. Jahrhunderts schwer hat. Jahrzehntelang
gilt es als Sorgenkind der Denkmalpfleger. Obwohl es zu
DDR-Zeiten zu den Nationalen Forschungs- und Gedenk-
stätten (NFG) gehört, fristet es ein Schattendasein.

Nur vorübergehend findet die Anlage Verwendung als
Ausbildungsstätte für Juristen oder als Alters- und Pflege-
heim. Die meiste Zeit stehen die Gebäude leer und verfal-

Blick auf Schloss Et-
tersburg aus luftiger
Höhe. Am früheren
Musenhof scharrte
Anna Amalia einst Li-
teraten, Schauspieler
und Musiker um sich.

Foto: M. Kneise

Der Schlosshof von Ettersburg. Zwischen 2005 und 2007 wurde der historische Komplex generalsaniert.

Foto: M. Kneise

len. Interessengemeinschaften und Schlossfreunde bewirken kaum mehr als notdürftiges Flickwerk.

Daran ändert sich auch nach der Wende erst einmal wenig. Fürsprecher finden sich im Kuratorium Schloss Ettersburg zusammen. Sie mahnen, werben, publizieren, rufen die Ettersburger Gespräche und die Europäische Kulturwerkstatt ins Leben. Ihr Einsatz gegen Vernachlässigung und Desinteresse erinnert lange an den Kampf gegen Windmühlenflügel.

Dann aber liefert genau dieses Zwillingspaar Weimar-Buchenwald die entscheidenden Impulse für die Zukunft

Der Weimarer Gunter Grobe fährt Besucher auch bis zum Schloss Ettersburg.

Foto: M. Baar

Schloss Ettersburgs. Seit Mitte der 1990er rüstet sich die Klassikerstadt für das Kulturstadtjahr 1999. Für die Programmmacher sind Buchenwald und Weimar so untrennbar verbunden wie siamesische Zwillinge. Das Nahverhältnis von Humanismus und Barbarei soll historisch, ästhetisch und denkmalpflegerisch thematisiert werden. Mal ist die Rede von der Buchenwaldisierung Weimars, mal von der Weimarisierung Buchenwalds .

Eins gibt das andere: Da ist die Zeitschneise. Durch sie redet man auch außerhalb Thüringes wieder über das vergessene Schloss. Die Idee für die reale wie gedankliche Achse zwischen Gut und Böse stammt vom Architekten Walther Grundwald. Die Wiederherstellung einer 200 Jahre alten Jagdschneise, die beide Orte verbindet, soll Höhenflug und Absturz deutschen Geistes und deutscher Geschichte in Gefühl und Vorstellung erfahrbar machen.

Etwa auf der Mitte des Weges passiert man den Stern. Im 18. Jahrhundert befand sich hier ein Brunfthof, auf dem bei Jagden das Wild hingemetzelt wurde.

Und dann ist da die Idee, Schloss Ettersburg zur Forschungsstätte über Diktaturen und Totalitarismus zu machen. Zugeschrieben wird sie dem 2011 verstorbenen Schriftsteller Jorge Semprun, einem Ex-Buchenwalder, der als einer der ersten anregt, die Nachbarschaft am Ettersberg

Der Pücklerschlag ist heute auch eine imaginäre Zeitschneise, die Weimars höchstes Streben und Weimars tiefsten Fall thematisiert.

Foto: M. Kneise

nicht nur als Hypothek, sondern auch als Chance zu begreifen. Seinem Drängen will oder kann sich auch die Thüringer Politik Ende der 1990er-Jahre nicht mehr entziehen. Man stellt zweistellige Millionenbeträge in Aussicht.

Nicht alles kommt dann auch so wie geplant. Die Idee eines zeitgeschichtlichen Studienhauses von europäischem Rang lebt zwar in der Stiftung Ettersberg für vergleichende Diktaturenforschung fort, die aber nimmt ihren Sitz in Weimar.

Schloss Ettersburg kann das letztlich egal sein. Dank finanzkräftiger Partner wie dem Bauindustrieverband Hessen-Thüringen, der eine Bleibe für eine Bildungseinrichtung sucht, wird der Schlosskomplex zwischen 2005 und 2007 generalsaniert. Neben einem Restaurant und Veranstaltungsräumen beherbergt er heute ein modernes Tagungs- und Bildungszentrum, den Blick auf den grandiosen Pücklerschlag inklusive.

Ein Museum ist Schloss Ettersburg heute nicht und will es auch nicht sein, sagt Schlossdirektor Peter Krause. Stattdessen fand die Stiftung Ettersburg eine Bleibe. Sie beschäftigt sich wissenschaftlich und beratend mit dem demografischen Wandel. Wie einst Anna Amalias Musenhof vereint das jährliche Pfingst.Festival Größen aus Kultur, Kunst und Wissenschaft. Das Konzept hat Zukunft. Und die hat das Schloss verdient.

PÜCKLERS BEFREIUNGSSCHLAG

Auf 50 Meter Breite, fast einen Kilometer Länge und mit einem Höhenunterschied von 70 Metern, ließ der Gartenvisionär Fürst Hermann von Pückler-Muskau 1845 gegenüber Schloss Ettersburg eine Schneise in den dichten Buchenbestand am Nordhang des Ettersberges schlagen.

Dass sich Pückler in Ettersburg so reinkniete, hing wohl auch damit zusammen, dass er zuvor sein geliebtes Muskau verkaufen musste. „Es war", notiert er im Oktober 1845, „eine gutmütige Dummheit aus reiner Gefälligkeit, dies mühsame, kolossale Werk zu übernehmen, und ich werde im Anfang gewiss wenig Dank dafür haben." In letzterem täuschte er sich. Der Pücklerschlag fasziniert noch heute jeden, der ihn betritt.

INFORMATION

In Schloss Ettersburg bei Weimar findet jeden Monat eine öffentliche Führung statt. Die aktuellen Termine sind im Internet zu entnehmen unter: www.schlossettersburg.de

Der Eintritt kostet 5 Euro.

Beschaulicher Sommersitz
Weimar: Schloss und Park Tiefurt

Schloss Tiefurt trägt die Handschrift der Weimarer Fürstenmutter Anna Amalia. Für sie war es ein Refugium besonderer Art. Im Jagdschloss Ettersburg am Nordhang des Ettersberges lärmte die Hofgesellschaft. Dort spielte man Theater, veranstaltete Hofjagden oder versammelte sich zu vergnüglichen Ausfahrten. Dagegen war Tiefurt ein fast idyllisch-ruhiger Ort.

Ende des 16. Jahrhunderts erbaut, diente das Anwesen ursprünglich als Pächterhaus eines fürstlichen Kammergutes. Mitte des 18. Jahrhunderts ließ man es nach dem Vorbild des Petit Trianon in Versailles zum Lustschloss und ländlichen Sommersitz umbauen.

Dergestalt wurde es dann 1775 zur bescheidenen Residenz von Anna Amalias jüngstem Sohn Friedrich Ferdinand Constantin von Sachsen-Weimar (1758–1793). Letzterem war weder ein langes Leben beschieden, noch hinterließ er besonders nachhaltige Spuren.

Der Bruder des Herzogs Carl August galt als introvertiert. Auch Goethe hatte keine besonders positive Meinung von ihm. Der Dichter höchstselbst mischte sich ein, als sich Constantin unstandesgemäß verliebte. Enttäuscht verließ der Prinz Weimar. 1793 starb er als kurfürstlicher Offizier im Krieg gegen Frankreich an der Ruhr.

Da hatte Anna Amalia Tiefurt allerdings schon für sich als Sommersitz in Beschlag genommen. Sie sei nach Tiefurt gekommen, um den Musen einen kleinen Tempel zu errichten, in dem Liebe, Weisheit und Grazien beieinander wohnen könnten. Wie in Ettersburg ließ die Herzogin auch im hiesigen Park Hand anlegen. Beiderseits der Ilm wurden Wege erschlossen, Denkmale und kleine Hütten sowie Tempel errichtet.

Vom Tiefurter Musentempel war es nicht weit bis zu den Vorläufern des Weimarer Musenhofes. Gemeinhin verbin-

Blick auf den Nymphentempel im Park. Abseits des höfischen Alltags war hier zwar alles eine Nummer kleiner, dafür zwangloser.

Foto: S. Fromm

det man den eher mit dem silbernen Zeitalter Weimars und dem Wirken Maria Pawlownas in Ettersburg. Doch letztlich war es Anna Amalia, die mit ihrer Tafelrunde – einem geselligen Kreis aus Adligen, Mitgliedern des Hofstaates, Schriftstellern und Künstlern – bereits eine wichtige Vorlage für das höfisch-intellektuelle Treiben im Weimar des 19. Jahrhunderts lieferte.

Schon zu Anna Amalias Zeiten fanden die Gesellschaften der Tafelrunde neben dem Wittumspalais und Ettersburg auch in Tiefurt statt. Hier, in der Abgeschiedenheit des Ilmtals östlich von Weimar, gab man sich heiter, sprach über Kunst, Dramen, Musik und die neuesten literarischen Bücher. In der Idylle Tiefurts war freilich alles eine Nummer kleiner und beschaulicher. Sogar ein wenig Theater wurde gespielt. Zwei Aufführungen für das Tiefurter Waldtheater sind belegt, die als eine Art Schattenspiel dargestellte Tragikkomödie „Minervens Geburt" 1781 und das Singspiel „Fischerin" ein Jahr später mit Liedern von Wie-

Das Schloss Tiefurt bei Weimar war die Sommerresidenz der Herzogin Anna Amalia von Sachsen-Weimar-Eisenach.

Foto: S. Fromm

land und Goethes „Erlkönig", vertont und vorgetragen von keiner geringeren als der Schauspielerin Korona Schröter.

Im „Journal von Tiefurt" setzte sich der illustre Kreis sein eigenes literarisch-publizistisches Denkmal. Zwischen den Sommermonaten von 1781 bis 1784 erschienen 49 Ausgaben, die anfangs in acht, später dann in elf handschriftlich vervielfältigten Exemplaren an einen ausgewählten Kreis verteilt wurden. Es war ein bunter Mix an Gedanken, Essays und poetischen Ergüssen, der sich in der Tiefurter Hofzeitung wiederfand. Goethe, Herder, Wieland gehörten ebenso zu den Autoren wie Anna Amalias Hofdame Louise von Göchhausen, Herzog Carl August oder Herders Frau Caroline. Der Dichter Jakob Michael Reinhold Lenz steuerte „Briefe an den Herrn Diderot" und ein Gedicht „An die Sonne" bei.

Selbst der mainzische Statthalter Erfurts, Carl Theodor von Dalberg, präsentierte sich in einer Art philosophischem Selbstgespräch an die seinerzeit sowohl von Herzog

Die „Schwarze Küche"
im Tiefurter Schloss
erlaubt einen Einblick
in die Kochgewohn-
heiten früherer
Zeiten.

Foto: S. Fromm

Carl August als auch von Goethe verehrte Louise Gräfin von Werthern.

Für die meisten Autoren war dieser Ausflug in den literarischen Journalismus wohl in erster Linie kurzweilige Unterhaltung. Anna Amalia sprach 1781 diesbezüglich von einem kleinen Spaß „den ich mir diesen Sommer gemacht habe und der so gut reussiret hat, dass es noch bis jetzt continuier wird …".

Nach der Schlacht von Jena-Auerstedt 1806 wurde Schloss Tiefurt von französischen Soldaten geplündert, später hielten sich dann Maria Pawlowna und ihr Gefolge hier auf.

Bis heute ist Tiefurt ein Ort, der zu Besinnlichkeit und Beschaulichkeit einlädt. Die Vorderseite des Schlosses ist dem Park zugewandt. Vom Vorplatz hat man einen schönen Blick in das leicht abfallende Ilmtal. In den Museumräumen präsentiert die Klassikstiftung einen Eindruck davon, wie man zur Zeit des klassischen Weimar lebte und sich einrichtete.

Besichtigt werden können Speise-, Kamin-, Schlaf- und Musikzimmer. Zudem erinnern spezielle Gemächer an die Anwesenheit Johann Wolfgang Goethes und – in der Mansarde des Seitenflügels – Louise von Göchhausens.

ZEITREISEN IN DER SCHLOSSKÜCHE

In der alten Schlossküche von Tiefurt bietet sich ein historischer Blick in die Genusswelt der Goethezeit. Auf Herd und Tisch drängt sich eine Vielzahl an Speisen von der Obstschale bis zum knusprigen Brot.

Alles wirkt so, als müsse jeden Moment die Dienerschaft erscheinen, um das Mahl aufzutragen.

Eingerichtet wurde der Raum Mitte der 1960er-Jahre mit Schauspeisen aus dem Besitz der Herzöge. Für die appetitliche Präsentation wurden die teils stark beschädigten Attrappen aus Porzellan, Wachs und Pappmaché seinerzeit eigens restauriert.

„Zu Tische gehts nach Tiefurt", heißt es 1777 im Brief Goethes an Charlotte von Stein. Angesichts solcher Leckereien wäre man gern dabei gewesen.

INFORMATION

DAS SCHLOSS TIEFURT BEI WEIMAR IST FÜR BESUCHER TÄGLICH AUSSER MONTAG VON APRIL BIS OKTOBER GEÖFFNET.

10 bis 18 Uhr
Der Eintritt kostet 6 Euro, ermäßigt 4,50 Euro.

© Stepmap, 123map • Daten: OpenStreetMap, Lizenz ODbL 1.0 / Grafik: Andreas Wetzel

Fern der höfischen Etikette
Weimar: Schloss und Park Belvedere

Die Steine auf dem grünen Tisch scheinen mitten im Spiel
verharrt, als hätten sich die Kombattanten nur kurz entfernt. Vielleicht, weil draußen vor dem Fenster gerade jemand eine frivole Wettschuld einlöst. Ein Kuss, eine Berührung, oder was es sonst an freizügigen Einsätzen gab.
Töne eines Cembalos flattern durch die Räume, das ner-
vöse Lachen einer Dame, der hohe Klang gefüllter Wein-
gläser. Sehr zum Wohl die Herrschaften!

Am Morgen hatte eine Jagd stattgefunden und am Abend
wird es vielleicht ein Ball sein. Auf dem polierten Parkett

Blick auf das Schloss Belvedere, das einst als Jagdschloss erbaut wurde. Herzog Ernst August diente das Kleinod
als Ort des Vergnügens und des leichten Lebens.   Foto: A. Volkmann

im Festsaal der Belle Etage. Vergoldeter Stuck, Kerzenlicht, das sich im geschliffenen Glas der Kronleuchter spiegelt. Auf der Empore, unsichtbar fast, spielt das Orchester ein Menuett.

Vom Tanz erhitzte Damen fächeln sich Luft zu, eskortiert von erwartungsvollen Kavalieren in seidenen Strümpfen. Die sich von dieser Nacht womöglich mehr versprechen als nur den nächsten Tanz.

Wenn die Fantasie nicht ausreicht, kann man sich von den Gemälden an den Wänden inspirieren lassen. Damen mit hohen gepuderten Frisuren, Dekolletés so tief wie ein Brunnenschacht und Taillen wie Bleistifte. Herren in Samt und Seide, angeberischen Schärpen und gelockten Perücken.

Mit der Kutsche war es von Weimar nur eine kurze Fahrt bis hierher. Doch eigentlich war die Stadt weit entfernt. Der

Der üppig verzierte
Festsaal von Belve-
dere. Hier fanden
Bälle und Feiern
statt. Auf der Empore
spielten Musiker zum
Tanz auf, der meist
bis in die Morgen-
stunden dauerte.
Foto: A. Volkmann

Hof mit seinen Verpflichtungen, den Staatsgeschäften und
der Etikette. In Belvedere wurde gelebt.

Herzog Ernst August ließ das Schloss ab 1724 errichten. Ein Ort der Vergnügungen und des leichten Lebens.
Nach Möglichkeit ungestört. Es heißt, er habe sich strikt
jeden unangemeldeten Besuch in Belvedere verbeten.
Und wenn denn doch eilige Geschäfte Minister nach Belvedere riefen, empfing sie der Herzog gern auch im Bett.
Ganze Vormittage verbrachte er in den Kissen, spielte Vi-
oline, plauderte mit Architekten und Gärtnern, nahm seinen Tee.

Anna Amalia verlebte ihre Sommer hier, bis sie die Ländlichkeit Tiefurts für sich entdeckte und das Schloss ihrem Sohn Carl August überließ. Der ließ sich dort nur gelegentlich blicken, doch mit Maria Pawlowna zog in den Sommern wieder Leben ein in Belvedere.

Die europäischen Schlösser der großen Dynastien, sie schwebten Erbauer Ernst August vor, als er für Belvedere die Herzoglichen Kassen plünderte. Versailles! Belvedere in Wien! War man sich das nicht schuldig, als Regent?

Der Ehrgeiz war freilich größer als Möglichkeiten. Das Ergebnis geriet einige Nummern kleiner. Eine Miniaturausgabe von Versailles, allerhöchstens. Doch wenn man als Besucher durch die lichtdurchfluteten Räume wandelt, bekommt man leicht eine Ahnung, wie es sich in barocker Hofhaltung amüsieren ließ.

Wandbilder aus Delfter Porzellan im Eingang, die elegant geschwungene Treppe in das Obergeschoss. Der Festsaal – ein Glanzstück. Raumhohe Fenster, goldgefasste Spiegel über den Kaminen und über all der weltlichen Pracht trohnen auf dem Deckengemälde die Götter des Olymp und lassen Nektar und Ambrosia fließen.

Im August 1831 floss hier der Wein in Strömen, als die Hofgesellschaft Goethes 82. Geburtstag zelebrierte. Leider in Abwesenheit des Jubilars. Der zog es vor, seinen Geburtstag mit den Enkeln in Ilmenau zu verbringen.

Man läuft an Vitrinen vorbei und bestaunt darin die herzogliche Porzellansammlung. Lächelnde Mandarine, winzige Mokkatassen, Vasen, Figuren, Riechfläschchen, Dosen für Schnupftabak, Schönheitspflaster und Puder. Aus Meißen, aus Thüringer Manufakturen, russische Porzellanbauern aus Petersburg gibt es auch. Sogar ein filigraner Vogelkäfig findet sich unter den zerbrechlichen Stücken.

Man betritt den runden Raum im Westflügel, betrachtet die Wolken über dem Pavillon. Eine Wandausmalung in der Kuppel, ein zweiter Himmel. Stellt sich vor, wie Maria Pawlowna von den Fenstern aus zum Russischen Garten blickte mit den gestutzten Hecken und der Statue des Amor. Mit melancholischer Erinnerung an die Gärten von

Im Schlossmuseum
können Besucher
kunstvolle Stücke
der herzoglichen
Porzellansammlung
bewundern.

Foto: A. Volkmann

Pawlowsk im heimischen Petersburg. Vielleicht, dass drau-
ßen auf dem Hof eine Kutsche vorfuhr und der Diener den
Geheimen Rat anmeldete. Oder eine Depesche von der
Mutter vom Zarenhof.

In diesen Räumen ist sie 1859 gestorben, an einem Juni-
tag. Der Blick über den abfallenden Hang in die Stadt ist
vielleicht ihr letzter gewesen.

DIE AGAVEN DER HERZÖGE

Ein besonderes Spektakel bot sich in Belvedere, wenn eine Agave erblühte. Sie blühen nur einmal, was für eine Metaphorik! 30 solcher Gewächse gehörten zum Bestand.

Ein 1845 erblühtes Exemplar soll an einem einzigen Augusttag 2000 Besucher nach Belvedere gezogen haben.

Mehr als zehn Meter hoch ist ein Blütenstand. Damit die Besucher die Blüten aus nächster Nähe betrachten konnten, wurde 1753 für eine blühende Agave ein hölzernes Podest errichtet. Umbaut war der Blütenstand von einem „Treibe-Thürmgen".

Von zwei Seiten führten Treppen in die Höhe. Ein Gebilde, das von Weitem an eine wundersame Mischung aus ägyptischer Pyramide und altrussischem Kreml-Bau erinnerte. Ein Modell kann man heute im Schloss sehen.

INFORMATION
DAS SCHLOSS BELVEDERE BEI WEIMAR IST FÜR BESUCHER TÄGLICH AUSSER MONTAG VON APRIL BIS OKTOBER GEÖFFNET.

10 bis 18 Uhr
Der Eintritt kostet 6 Euro, ermäßigt 4,50 Euro.

© Stepmap, 123map · Daten: OpenStreetMap, Lizenz ODbL 1.0 / Grafik: Andreas Wetzel

Kein Talent zum Glück
Weimar: Die Stadtkirche, das Alte Gymnasium und das Wohnhaus sind die Herder-Stätten

Das Altarbild mit dem gekreuzigten Christus stammt von Cranach. Anna Amalia ist hier begraben. Um das spätgotische Gotteshaus zu besuchen, gibt es viele Gründe.

Herder ist auch einer. Hier hat er gepredigt. Der Superintendent, der zu den vier Großen zählt, die Weimars klassischen Ruhm begründeten.

Hinter der Kirche hat er gelebt. Ein Schild am Wohnhaus erzählt davon, doch die Räume sind öffentlich nicht zugänglich, hier wohnt bis heute der amtierende Superintendent. Immerhin kann man sich mit einem Gang durch den Herdergarten hinterm Haus trösten.

Das Alte Gymnasium am Herderplatz wurde aufwendig restauriert, in der ersten Etage soll ein Herder-Museum entstehen. Es gehe, so der Vorsitzende des Freundeskreises Goethe-Nationalmuseum, Dieter Höhnl, auch um eine intelligente Präsentation der Gedankenwelt Herders, seines Werkes und dessen Nachwirkungen.

Im Depot der Klassik Stiftung lagern Hinterlassenschaften aus seinem privaten Besitz. Sein Schreibpult, Bücher, Brillen. Damit, ist Höhnl optimistisch, kann man auch Atmosphäre schaffen.

Doch das ist bislang Zukunftsmusik. Wer in Weimar auf Spuren des Klassikers die Aura des Authentischen sucht, dem bleibt nur die Herderkirche.

Man mag eine Metaphorik in dieser Art von Heimatlosigkeit erkennen. Denn Herder wurde nie richtig warm mit der Stadt an der Ilm.

Für ihn, der von einer Professur an der Göttinger Universität träumte, war sie letztlich zweite Wahl und sollte es bis zu seinem Tod 1803 bleiben. Ein unseliges Mittelding

zwischen Hofstadt und Dorf, befand er trübselig. Nicht gerade schmeichelhaft. Dabei waren es Goethe und Wieland, auf deren Betreiben er überhaupt hier ankam.

Am 1. Oktober 1776 bezog er mit Frau und Kindern die Wohnung des Superintendenten, gleich hinter der Kirche.

Oberhofprediger, Verantwortlicher für Gymnasien, Landesschulen und auch noch für das herzogliche Naturalienkabinett, Generalsuperintendent. Eigentlich ein Wunder, dass er bei all den Verpflichtungen überhaupt noch Zeit zum Schreiben fand.

Zumal, wie in Michael Zarembas Herder-Biografie von 2002 nachzulesen ist, ihn häufig auch körperliche Beschwerden plagten. Gicht, Übelkeit, Schwäche, Fieber. Nach der Lektüre so mancher seiner brieflichen Klagen

Sebastian Kircheis, Pfarrer der Herderkirche, vor dem berühmten Cranach-Altar. Er wurde von Lucas Cranach dem Älteren in seinem Todesjahr begonnen und 1555 von seinem Sohn vollendet.

Foto: A. Volkmann

würde heute wohl ein Therapeut ein veritables Burnout diagnostizieren.

Trotzdem entstanden am Schreibsekretär, neben der Minerva-Büste, die ihm Herzogin Luise schenkte, streitbare Werke. Über Humanität, Sprache, Theologie, menschliche Kulturgeschichte, Musik, griechische Lyrik, Regierung und Wissenschaft. Beinahe subversiv klingende Gedanken über Despotismus und das Übel von Erbregentschaften.

Seine vielen Ämter, eigentlich waren sie ihm eine Last. Aber nicht nur. Als oberster Schulaufseher versuchte er sogar Reformen des Unterrichts. Weniger religiöse Übungen und Bibellesungen. Dafür mehr Geografie, Geschichte, Rechnen. Damit machte er sich nicht nur Freunde am Hof. Mit seiner Sympathie für die Revolution der Franzosen ohnehin nicht.

Er lebe abgesondert, eine Freundschaft nach der anderen verdorre. Er selbst fühle sich alt und kraftlos. So fiel sein depressives Resümee nach den ersten Jahren in Weimar aus.

Natürlich hatte er seine Bewunderer, Freunde auch. Anna Amalia, die Herzogin Luise, Goethe wären zu nen-

In der Stadtkirche predigte Johann Gottfried Herder, der unter Mitwirkung Goethes nach Weimar berufen wurde.

Foto: A. Volkmann

Abb. links: Das Denkmal vor der Kirche erinnert an seinen berühmten Prediger.

Foto: A. Volkmann

Das Detail aus
dem Cranach-Altar
zeigt Johannes den
Täufer, Cranach und
Reformator Martin
Luther mit der Schrift
in der Hand.

Foto A. Volkmann

nen, jedenfalls am Anfang. Doch der wurde zunehmend zum Fixstern, um den die Gesellschaft kreiste, während Herder nur selten die Salons suchte.

Mag sein, dass er sich das Leben selbst schwer machte. Glücklichsein war nicht seine Stärke, wie Biograf Zaremba konstatiert. Am Ende entzweite er sich sogar mit Goethe.

Einige Male noch gab es Versuche, der ungeliebten Stadt zu entfliehen, doch am Ende blieb er und starb im Dezember 1803.

SCHWERMUT IN ITALIEN

Sehnsuchtsland Italien. Das galt auch für Herder. Doch das klamme Familienbudget ließ für ihn nur den Traum zu. Das änderte sich 1788, als ihn der Wormser Domherr Johann Friedrich Hugo von Dahlberg als Reisebegleitung einlud. Auch Gattin Caroline redete ihm zu, hoffend, die mediterrane Leichtigkeit mögen die Schwermut auflösen.

Herder fuhr mit, doch er hatte noch nicht einmal italienischen Boden betreten, da quälte den Familienmenschen schon das Heimweh. Außerdem demütigte ihn die finanzielle Abhängigkeit. Ein Lichtblick war für ihn die ebenfalls durch Italien reisende Anna Amalia, die in Rom zu ihm stieß. Er freundete sich mit der Malerin Angelika Kauffmann an, er sah Florenz, Venedig und Mailand. Er erfuhr Ehre und trotzdem konnte ihn nicht einmal Italien glücklich machen.

INFORMATION

DIE HERDERKIRCHE IN WEIMAR STEHT FÜR BESUCHER OFFEN.

Von Herders einstiger Wohnstätte ist nur der Hausgarten frei zugänglich.

Letzte Ruhe
Weimar: Die Fürstengruft mit den
Särgen von Goethe und Schiller

Eine Lindenallee führt zum Mausoleum. Schnurgerade, leicht ansteigend. Der frühe Vormittag, wenn im Gras noch Tropfen von Tau und Nebel hängen und Besucher noch selten sind, ist eine gute Zeit.

Uralte Gabplatten, die Inschriften längst verwittert, von Moos überwachsen. Man läuft an einem schlichten Eisenkreuz vorbei und liest: Christian August Vulpius. Christianes Bruder. Man betrachtet ein bisschen amüsiert das Gesteck mit den verwitterten Zwiebeln am Grab des Herrn Francois-René Le Goullon, dem Mundkoch Anna Amalias. Weimars kochende Männer haben ihn hinterlassen.

An diesem Ort findet jeder seinen verehrten Meister.

Dann ragt der klassizistische Bau vor dem Besucher auf. Hinter seinen strengen Formen leuchten golden die Kuppeln der russischen Kapelle. Orthodoxe Pracht und protestantische Askese. Maria Pawlowna, die auch hier begraben liegt, führt sie zusammen.

Zwölf Stufen, und man steht auf einem halbrunden Rondell. Noch einmal sechs, und man betritt den Raum. Hoch, kühl, sehr ernst. Pfeiler, Wandnischen, halbrunde Fenster.

Seit dem Schlossbrand hatte es keine würdige Ruhestätte für die herzogliche Familie gegeben. Die Gebeine der erlauchten Vorfahren in den geretteten Särgen ruhten im Provisorium. Großherzog Carl August befahl 1823 den Bau der Fürstengruft. Sie war noch nicht richtig fertig, da starb er selbst.

Schlicht sollte der Bau sein. Das Gezierte, befand der Herzog, wolle man für die Wohnung der Lebendigen sparen.

Seine Enkelin, Maria Pawlownas Tochter, ließ der Schlichtheit später etwas Glanz hinzufügen. Über der ova-

Eine Allee führt an den alten Gräbern vorbei zur Fürstengruft.

Foto: A. Volkmann

len Öffnung, durch die man die Särge zur letzten Ruhe hi-
nunterließ, wölbt sich die Kuppel. Tiefblau mit Sternen
übersät. Als wollte man den Toten da unten ihren eigenen
Himmel schaffen.

Die hohen Wände werfen jeden Schritt als Echo zurück.
Ein mystischer Ort.

Doch die eigentliche Mystik, sie befindet sich unten.
Eine steile geschwungene Steintreppe führt hinab. Nack-
ter Ziegelboden, schmucklose Wände, gedämpftes Licht
und man steht vor dem Allerheiligsten. Der Tod ist
schmucklos. Zwei Särge, Goethe und Schiller.

Schillers Sarg ist leer, seit man weiß, dass nicht Schiller
drin war, wo Schiller drauf stand.

Befremdet dieses Wissen? Stört es die Aura? Die Antwort liegt, wie man sagt, in der Wahrnehmung des Be-
trachters. Für die einen eine leere Kiste, für die anderen
Teil von Weimars Kulturgeschichte. Ob nun mit oder ohne
Knochen. Und ist nicht auch Aura vor allem eine Sache
von Imagination? Ach, zu gern wüsste man, was Goethe
dazu sagen würde, in seinem Zwillingssarg daneben.

Noch 29 weitere Särge ruhen in der Gruft. Der von
Großherzog Carl August auf bronzenen Löwentatzen,

reich verziert. Andere schlicht und düster. Die meisten sind groß, wuchtig, andere winzig klein, wie das des Prinzen Wilhelm, der mit vier Monaten starb. Viele Namen, die oben in der Halle auf Marmor stehen, sind heute nur noch Namen. Anderen wand man Lorbeerkränze bis ins Grab.

Als man die einen zur Ruhe in die Gruft hinabließ, wurden die anderen gerade geboren.

Jetzt liegen sie alle hier.

Ist es das, was am Ende bleibt?

Man flieht nach oben. Schnell, ans Licht, wo in der Lindenallee die Amseln singen.

Doch halt, nicht zu schnell zurück. Um die Fürstengruft führt ein halbrunder Weg zur orthodoxen Rückseite. Als die Zarentochter Maria Pawlowna starb, baute man ihr eine Grabkapelle ihres Glaubens auf Wagenladungen russischer Erde. So ruht sie heute unter orthodoxen Kuppeln, und dank eines unterirdischen Durchbruchs trotzdem neben ihren Ehemann Carl Friedrich.

Die Kapelle ist geöffnet. Von einem Band tönen leise die schweren Chorgesänge der orthodoxen Liturgie. Die flackernden Wachskerzen werfen Schatten auf die asketi-

Die Ruhestätten von Goethe und Schiller in der Fürstengruft. Allerdings ist Schillers Sarg leer, die Klassik Stiftung Weimar zog die Konsequenzen aus einer genetischen Analyse.

Foto: A. Volkmann

75

Die russische orthodoxe Kapelle an der Rückwand der Fürstengruft. Nach dem Tod von Maria Pawlowna wurde das Gotteshaus errichtet. Priester Michail Rahr ist der Seelsorger der orthodoxen Gemeinde in Thüringen.

Foto: A. Volkmann

schen Gesichter der Heiligen auf den Ikonen. Die alte Frau, die hier ihren Gemeindedienst versieht, fragt, ob man eine Kerze entzünden will. Spricht von den Gottesdiensten hier und den Gläubigen, die kommen.

Die Grabkapelle ist heute das Gotteshaus der orthodoxen Gemeinde in Thüringen. Das hätte Maria Pawlowna vermutlich gut gefallen.

DER LEERE SARG

Ach diese Zweifel, sie nagten schon lange. Bereits Ende des 19. Jahrhunderts schreckte der Anatom Welcker die Gedenkgemeinde auf: Das Dichter-Haupt, das der unerschrockene Bürgermeister Schwabe aus den Tiefen des Jacobsfriedhofs barg, passe nicht zur Totenmaske Schillers. Zu allem Überfluss förderte 1911 der Tübinger Forscher Froriep einen weiteren vermeintlichen Schiller-Schädel zu Tage.

Ende 2006 beauftragen die Klassik Stiftung Weimar und der Mitteldeutsche Rundfunk ein internationales Expertenteam. Das zückte alle Register der modernen Gen-Forschung.

Das Ergebnis war ernüchternd: Keine der beiden Schädel hat je auf Schillers Schultern geruht. Und auch die Gebeine stammten nicht vom Dichter.

Die Klassik Stiftung zog die Konsequenzen. Der Sarg ist leer.

INFORMATION

DIE FÜRSTENGRUFT AUF DEM HISTORISCHEN FRIEDHOF IN WEIMAR IST FÜR BESUCHER TÄGLICH AUSSER DIENSTAG GEÖFFNET.

November bis März: 10 bis 16 Uhr

April bis Oktober: 10 bis 18 Uhr

Der Eintritt kostet 4 Euro, ermäßigt 3 Euro.

Der weiße Würfel
Weimar: Die Stätten des Bauhauses

In kühnem Schwung windet sich die Treppe in die Höhe. Eine scheinbar endlose Spirale, als würde sie das Dach durchbrechen wollen, hinauf zu höheren Sphären.

Nach Plänen von Henry van de Velde wurde das heutige Hauptgebäude der Bauhausuniversität ab 1904 errichtet und mit etwas Fantasie könnte man die Kühnheit des Treppenschwungs als metaphorischen Vorgriff für Künftiges sehen: 1919 übernahm Gropius hier in der Nachfolge Henry van de Veldes die Leitung der Großherzoglich-Sächsischen Hochschule für Bildende Kunst. Die Geburtsstunde des Bauhauses.

Es gibt nicht viele architektonische Zeugnisse. Im Südlichen Teil des Hauptfriedhofs erinnert ein Denkmal an die Märzgefallenen des Kapp-Putsches. 1922 war es vom Bauhaus-Gründer Walter Gropius entworfen, 1935 von den Nazis zerstört und 1946 rekonstruiert worden.

Umso bedeutsamer ist das kleine weiße Wohnhaus am Rande des Goetheparkes, mit dem Gropius Idee vom Bau als Endziel aller bildnerischen Tätigkeit realisiert wurde.

Das Haus am Horn entstand Anfang der 1920er-Jahre als Versuchs- und Musterhaus. Errichtet wurde es anlässlich der Bauhausausstellung von 1923 nach Entwürfen von Georg Muche.

Als Ausstellungshaus sollte das Gebäude die gesamte Palette der werkkünstlerischen Leistungen des Bauhauses einschließlich Architektur vereinen und ihre große Qualität zeigen, sagt Michael Siebenbrodt, Vorsitzender des Freundeskreises der Bauhaus-Universität e.V.

Mit seinem damals ungewöhnlichen Grundriss, bei dem die Zimmer wie in einem mediterranen Atrium um einen von Oberlichten beleuchteten, innenhofartigen Wohnraum mit erhöhtem Dach angeordnet sind, verkörpert die-

ses erste Haus des Bauhauses bis heute den Urtyp des modernen Wohnens.

An der Innenausstattung beteiligten sich damals alle Bauhauswerkstätten sowie insgesamt 20 Lehrende und Studierende. Der Maler und Fotograf László Moholy-Nagy aus der Metallwerkstatt kümmerte sich um die Beleuchtung. Der spätere Architekt und Designer Marcel Breuer möblierte Wohn- und Damenzimmer, Gunda Stölzl und andere Textildesignerinnen gestalteten Teppiche.

Das Musterhaus am Horn oberhalb des Weimarer Goethe-Parks war Teil der Bauhausausstellung von 1923. Zu DDR-Zeiten war es bewohnt, inzwischen ist es ein Museum und kann besichtigt werden. Foto: S. Margon

Für die Vertreter des Staatlichen Bauhauses sollte das Haus am Horn damals aber nur der Anfang und Teil eines größeren Siedlungsgedankens sein. 1922 war eine Bauhaus-Siedlungsgenossenschaft GmbH gegründet worden. Ihr war die Aufgabe zugedacht, für die erstrebte Arbeits- und Lebensgemeinschaft der Bauhäusler die baulichen Arbeits- und Wohnvoraussetzungen zu schaffen.

Bauhaus-Gründer Gropius selbst, der damals bereits Wohnhäuser in Berlin und Jena im Bauhausstil projektiert hatte, entwarf eine Art Baukasten mit Montagemodulen, aus denen je nach Bewohnerzahl und Wohnbedürfnissen verschiedene Haustypen in moderner Fertigbauweise hätten realisiert werden können.

Dazu gekommen ist es nicht. Realisiert wurde letztlich nur das Haus am Horn. Für Michael Siebenbrodt ist es damit das übriggebliebene Objekt von der großen Idee eines modernen Hochschulcampus.

Auch nach heutigen Maßstäben sei das Gebäude, das die Weimarer auch als kleinen weißen Würfel bezeichnen, eines der ersten bewusst gebauten Ökohäuser der Welt und damit ein mutiges technisches und Wohnexperiment.

Bei der Bauhausausstellung war das Versuchshaus gut besucht. Danach musste es allerdings verkauft werden. Zeitweise wurde es privat bewohnt, in den 30ern erzwang die NS-Arbeitsfront den Verkauf. Nach 1945 gelangte es in den Besitz der Stadt Weimar, die es unter Denkmalschutz stellte und vermietete.

Dass das Haus am Horn die Jahrzehnte überdauerte, verdankt es auch der fachlichen Kompetenz einer Professorenfamilie, die das Gebäude bewohnte, sicherte und durch ein kleines Hausmuseum offen hielt.

Die zweite große Zeit des Hauses am Horn begann Mitte der 1990er. Seit 1996 gehört es mit den Hauptgebäuden der Bauhaus-Universität und den Bauhausbauten in Dessau zum Unesco-Weltkulturerbe. Im Zuge einer umfangreichen Rekonstruktion wurden Anbauten entfernt und der Garten den ursprünglichen Planungsideen entsprechend gelichtet.

Das Treppenhaus im Hauptgebäude der Bauhaus-Universität Weimar. Das Hauptgebäude war 1919 Gründungsort des Bauhauses. Es wurde nach den Plänen von Henry van de Velde von 1904 bis 1911 gebaut.

Foto: S. Fromm

Heute ist das Haus am Horn wieder öffentlich zugänglich. Zwar sind die Räume leer, mit ihrer originalen Farb-
gestaltung aus gelben, grünen und ockerfarbigen Pastell-
tönen erinnern sie aber wieder an das Bauhaus-Versuchs-
haus von 1923. Ein gewöhnliches Museum ist das Haus am
Horn dennoch nicht. Offizieller Hausbesitzer in Form einer 65-jährigen Erbbaupacht mit dem Freundeskreis der
Bauhaus-Universität ist ein Verein, dem Siebenbrodt vor-
steht.

Der heutige Zustand des Hauses am Horn ist ein Kom-
promiss, sagt Siebenbrodt. Man bekommt das weitgehend
original erhaltene Haus zu sehen, das aber leer ist. Dass die
Ausstellungsstücke von 1923 nicht mehr da sind, ist auch
eine Folge der damaligen Inflation. Teils gingen die Origi-
nale damals als Kompensation an den Geldgeber, den Ber-
liner Bauunternehmer Adolf Sommerfeld, dessen zinslose
Darlehen man anders nicht zurückzahlen konnte.

DER SCHRECK ALLER VERMIETER

Die Bauhausstudenten hüllten sich in selbstgenähte Klei-
der, trugen Langhaar, dafür waren die Röcke der Mädchen
kurz. Strümpfe und Kragen? Wozu dieser Plunder.

Es war eine bunte, fröhliche Truppe, die wie ein frischer
Wind durch die Provinzstadt wirbelte. Sie waren die Avant-
garde, nicht nur einer neuen Kunst, sondern auch eines
neuen Lebensgefühls. Theateraufführungen, Maskeraden,
Drachenfeste, nächtliche Umzüge durch den Ilmpark. Be-
gleitet von den Klängen der Bauhaus-Kapelle. Mit schöner
Regelmäßigkeit brachten die Bauhäusler die braven Bür-
ger aus der Fassung. Das Bauhaus war noch kein Jahr alt,
da verbannte der Bürgermeister die Truppe per Edikt von
den öffentlichen Orten. Weimarer Eltern griffen bei Straf-
androhungen nicht mehr zum Struwwelpeter: „Wenn du
nicht brav bist, kommst du ins Bauhaus", hieß es.

INFORMATIONEN

DAS „HAUS AM HORN" IN WEIMAR IST VON MÄRZ BIS NOVEM-
BER, MITTWOCH, SAMSTAG UND SONNTAG GEÖFFNET

11 bis 17 Uhr
Der Eintritt kostet 3 Euro, ermäßigt 1,50 Euro.

Heilige und Rebellen
Eisenach: Die Wartburg

„Oh my God!" Dann schweigt der fremdländische Besucher. Steht minutenlang vor dem schweren Schreibtisch,
schüttelt den Kopf, als könne er es nicht fassen. Schließt
die Augen, atmet tief ein.

Als hätten jene Monate vor fast 500 Jahren, als Martin
Luther hier das Neue Testament übersetzte, ihre Moleküle
in diesem Raum hinterlassen.

Hendrikje Döbert lächelt wissend. Seit vielen Jahren
führt sie Gäste durch die Wartburg. Szenen wie diese kennt
sie gut. Protestantische Massai, Pfarrer aus Südkorea und
Indien, alle waren sie hier. Sie hat schon erlebt, wie Besucher in dieser Bohlenstube auf die Knie fielen.

900 Jahre Geschichte. Minnesänger, die zur Laute wetteiferten. Eine ungarische Königstochter, die zur Heiligen wurde. Ein falscher Junker Jörg, der eine ganze Glaubenswelt erneuerte. Die Studenten, die hier in Referenz an eben jenen Junker Jörg gegen Kleinstaaterei und eine neue Verfassung ihre Stimme erhoben. Wagner, der aus der Inspiration der uralten Geschichte dieses Ortes eine monumentale Musikwelt schuf.

Wie soll man die Geschichte dieser Burg erzählen in der kurzen Zeit, die ein Rundgang dauert? Wie die Aura erfassen, die hier in jeder Mauerfuge steckt?

Eigentlich, sagt sie, ist das nicht schwer. Sogar sehr einfach. Weil sich hier so vieles auf wundersame Weise fügt, so logisch, so folgerichtig.

Menschliche Leben und historica Zeitläufe. Wie sie einander beeinflussen zu einem Prozess, den man Geschichte nennt. Davon spricht dieser Ort.

Die Wartburg erhebt sich auf einem schmalen Felsgrat etwa 220 Meter hoch über Eisenach.

Foto: A. Volkmann

Schon seine Errichtung. Ein Palas mit drei Stockwerken, obwohl damals nur zwei die Norm waren. Welcher Luxus! Aus teurem Sandstein, weil das damals so Mode war in Südfrankreich. Welche Anmaßung! 80 000 Ochsenkarrenladungen handbehauenen Steins mussten den Berg herauf gezogen werden.

Das erzählt eine Menge über Reichtum und Machtansprüche der Thüringer Landgrafen. Künstler aus ganz Europa durften logieren, Hermann I. war ein großzügiger Mäzen. Und ein einflussreicher Landgraf dazu.

Hätte der ungarische König ihm seine Tochter als künftiges Schwiegerkind geschickt, wäre es anders gewesen? Elisabeth, die als Kind auf die Wartburg kam, muss inmitten dieses Glanzes und der Weltläufigkeit aufgewachsen sein. Trotzdem entschied sie sich anders. Christliche Urwerte statt höfische Pracht, Demut und Armenhilfe statt Herrscherstolz. Liebe deinen Nächsten wie dich selbst. Hieß es nicht so? Auch das war eine Bewegung ihrer Zeit. Eine Jüngerin Gottes, die gegen alle Konventionen lebte.

300 Jahre später kam Luther, wenn auch nicht ganz freiwillig. Wieder jemand, der gegen die Konventionen verstieß, der das Evangelium zurückführen wollte auf seinen Urgrund. Nachdem er den Kaiser in Worms brüskiert hatte, war er vogelfrei. Rechtlos, schutzlos, eigentlich so gut wie

Der Legende nach soll im Mittelalter der Sängerkrieg auf der Wartburg stattgefunden haben. Im 19. Jahrhundert zeigte der Maler Moritz von Schwind diese Überlieferung auf einem Fresko.

Foto: A. Volkmann

tot. Der sächsische Kurfürst Friedrich der Weise ließ ihn entführen und auf der Wartburg in Schutzhaft nehmen.

In nur zehn Wochen übersetzte er das Neue Testament aus dem Griechischen ins Deutsche. 18 verschiedene Dialekte, die zusammengeführt werden mussten. Allein welche sprachschöpferische Leistung, begeistert sich Hendrikje Döbert.

In den folgenden Jahrhunderten wurde es still um die Wartburg. Kerker, gelegentliches Absteigquartier, Aufbewahrungsort für überflüssige Requisiten herzoglichen Alltags. Eine Burg verdämmerte die Jahrhunderte.

1777 kam Goethe. Der soll sich vor allem am atemberaubenden Panorama begeistert haben, fand aber auch: Ein Museum muss her.

Bis die Wartburg wieder hergestellt wurde, sollten jedoch noch einmal Jahrzehnte vergehen. All die Geschichten, die dieser Ort gebar, die wahren und die erdachten, wurden wieder lebendig: der Sängerkrieg, das Rosenwunder, Ludwig der Springer. In den Ausmalungen der Palasräume, geschaffen von Moritz von Schwind. Der Festsaal ein Glanzstück, dessen Akustik den Ratschlägen Franz Liszts zu verdanken ist. So schön, dass er kopiert wurde: Im Schloss Neuschwanstein des Bayernkönigs Ludwig II.

DES TEUFELS DUNKLER SCHATTEN

Weil ihm während seiner subversiven Schreibarbeit der Teufel höchstpersönlich erschien, soll Luther mit dem Tintenfass nach ihm geworfen haben. Und hinterließ dabei einen Fleck an der Wand. Soweit die Legende.

Aktenkundig wurde der Tintenfleck allerdings erstmalig im 17. Jahrhundert. Hat der Reformator nicht selbst bekundet, er habe mit Tinte gegen den Teufel gekämpft? Möglich, dass es ein schlichter Rußfleck war, der diese Legende gebar. In der Kammer brannte zu Luthers Zeit ein Kamin, das wäre eine Erklärung.

Die Luther-Verehrer sahen das anders. Als sich die Kunde vom Fleck herumsprach, kamen sie in Scharen und schabten die vermeintlichen Überreste des Teufels-Kampfes von der Wand, der Fleck wurde bis ins 19. Jahrhundert ständig erneuert. Heute sieht der Besucher nichts.

INFORMATION

ÖFFENTLICHE FÜHRUNGEN AUF DER WARTBURG FINDEN TÄGLICH STATT.

November bis März: 9 Uhr bis 15.30 Uhr

April bis Oktober: 8.30 bis 17 Uhr

Der Eintritt kostet 9 Euro, ermäßigt 5 Euro.

© Stepmap, 123map · Daten: OpenStreetMap, Lizenz ODbL 1.0 / Grafik: Andreas Wetzel

Ein Urwald mitten in Deutschland
Der Nationalpark Hainich

Im Mai riecht es hier nach Bärlauch, viel Bärlauch. Der Boden ist bedeckt mit weißen Sternen. Weitläufige Blütenteppiche sind typisch für den Frühling im Hainich, sagt Nationalpark-Ranger Rüdiger Biehl. Es beginnt mit dem Märzenbecher, gefolgt von Buschwindröschen und Bingelkraut.

Hoch oben in den Baumkronen schließt sich schon am Ende des Wonnemonats Mai das Laubdach. Viel Zeit haben die Pflanzen im Unterholz nicht, um Kraft und Reserven für die lange Schattenzeit zu sammeln. Das Sonnenlicht zieht sich mehr und mehr in kleine, sanft über dem Waldboden schwimmende Lichtseen zurück.

Rüdiger Biehl nimmt uns vom Craulaer Kreuz aus mit auf eine Wanderung in Deutschlands schönsten und größten Urwald. Nach einem Regen ist der Weg aufgeweicht. Noch vor wenigen Tagen war hier alles sehr trocken, sagt Biehl. So ist sie, die Natur.

Stellenweise haben Mountainbikes Furchen in den Schlamm gegraben, ein kleines Ärgernis für den Ranger. Radfahrer sollen möglichst nur die für sie ausgeschilderten Wege nutzen. Schon nach wenigen Metern ist um uns nur noch Waldesgrün und Stille. Wir befinden uns am Eingang des Weberstedter Holzes. Biehl will hier zeigen, was den Hainich so einzigartig macht.

Seit 1997 gibt es den Nationalpark. Seitdem wird der von Buchen dominierte Laubwald sich selbst überlassen. Seitdem kann man beobachten, wie sich die Natur Stück um Stück zurückholt, was der Mensch über Generationen als Wald- und Holznutzer überformt hat. Seitdem ist der Hainich der größte zusammenhängende Wald in Deutschland, der nicht mehr wirtschaftlichen Interessen unterliegt.

Im Weberstedter Holz kann man zusehen, wie der Nutzwald wieder zum Urwald wird. Es ist, als ginge man durch verschiedene Jahresringe des Waldes. Näher zum Craulaer

Ein Waschbär-Weibchen zieht in einer Baumhöhle ihre Jungen auf. Vom Baumkronenpfad aus können Besucher direkt in die Wochenstube sehen.

Foto: A. Volkmann

In der freien Natur des Hainichs sind die scheuen Wildkatzen kaum zu sehen. Begegnen kann man ihnen zum Beispiel im Gehege des Wildkatzendorfes Hütscheroda.

Foto: A. Volkmann

Kreuz stehen die Bäume noch lichter und gerader, eben astreiner. Die industrielle Holzverarbeitung mag keine krummen und schrägen Bäume, sagt Biehl und fordert uns auf, das Bild dieses Waldteiles für später zu bewahren.

Und tatsächlich, tiefer drinnen wird das Unterholz dichter, Buchen, Ahorn und Eschen neigen sich. Der Boden ist übersät mit umgefallenen Stämmen, deren freiliegende Wurzeln in den Wald hineingreifen. Vereinzelt ragen abgebrochene Stumpfe mit bizarr ausgezackten Enden aus dem Boden. Das ist Wald so, wie ihn die Natur einst erschuf, sagt Biehl. Ein Raum des Lebens und Sterbens, des ewigen Werdens und Vergehens.

Totholz lebt. Man kann es sehen, fühlen, sogar schmecken. Um so einen toten Baum herum staubt es wie in einer Backstube. Insekten bohren sich in die Rinde und hinterlassen auf dem Boden kleine Gebirge aus hellem Baummehl. Die nur in den Wäldern beheimateten Schwarzspechte (nicht zu verwechseln mit Bunt- oder Grünspechten im Garten) hämmern Löcher in das Holz, um dann mit ihrer langen, klebrigen Zunge im Stamm nach dessen Innenleben zu fischen.

Es ist ein großes und faszinierendes Geben und Nehmen. Zunderschwämme – Pilze mitunter so groß wie Suppenteller – nähren sich vom Altholz und versetzen ihm gleichzeitig den endgültigen Todesstoß. Entkräftet von Fäule und Auszehrung brechen die Bäume auseinander. Wie andere Baumpilze sind auch Zunderschwämme geotropische Stehaufmännchen. Ob der Stamm steht oder liegt – sie wachsen immer waagerecht.

Unter üppig grünem Moos werden schließlich selbst die einstmals härtesten Baumkolosse butterweich. Doch bevor sie ganz zu Staub und Erde zerfallen, treiben aus ihnen bereits neue Keime. Je nach Lichtverhältnissen kann es Jahrzehnte dauern, bis daraus wieder ein stattlicher Baum wird – aber er wird wachsen, sagt der gelernte Förster Rüdiger Biehl.

Etwa 50 Jahre Urwaldwerdung liegen laut Biehl zwischen dem ersten, lichteren und dem urwüchsigeren Teil des Weberstedter Holzes. Die fortgeschrittenere Ursprünglichkeit verdankt letzterer der früheren Abgeschiedenheit als militärische Sperrzone.

Die sich selbst überlassenen Wälder zeigen dem Menschen, wie die Natur wirklich tickt. Wie lange lebt ein

Herbst im Hainich. Der Urwald ist zu jeder Jahreszeit ein Erlebnis.

Foto: A. Volkmann

Der fast 600 Meter lange Baumkronenpfad im östlichen Hainich ist einer der touristischen Attraktionen des Nationalparks. In über 40 Metern Höhe kann man hier über den Wipfeln spazieren gehen.

Foto: A. Volkmann

Baum? Wie schnell werden Baumlücken von nachwachsenden Trieben geschlossen? Gemessen wird nicht in menschlichen Lebensaltern. Der Pulsschlag des Hainich ist deutlich entschleunigt. Die Natur ist geduldig. Die mit ihr befassten Menschen lernen, es auch wieder zu sein.

Etwa beim europaweiten Ulmensterben. Ulmenspintkäfer übertragen krankmachende Pilze, viele Berg-Ulmen werden eingehen, sagt Biehl. Der Urwald des Hainich aber ist stark. Die Räume, die einst vom Menschen gepflanzte Fichten beanspruchten, hat er bereits wieder in Beschlag genommen ganz ohne menschliches Zutun. Auch dem Ulmensterben wird sicher neues Leben folgen.

ÜBER DEN WIPFELN

Einer der Besuchermagneten des Hainich ist der am Forsthaus Thiemsburg gelegene Baumkronenpfad. An seiner höchsten Stelle misst er 44 Meter, damit ist er so hoch wie die höchsten Buchen und Eschen des Hainich.

Vor allem aber kann man den Bäumen hier in die Wipfel schauen und so den Naturraum Wald aus einer ganz neuen Perspektive betrachten. 2009 wurde der Pfad erweitert. Seitdem schlängeln sich zwei Schleifen von 238 bzw. 308 Meter Länge durch die Baumkronen.

Angelegt wurde der Baumkronenpfad in einem Bereich des östlichen Hainich mit altem, strukturreichem Waldbestand. So kann der Nationalpark als Urwald selbst für eiligere Besucher erfahrbar werden. Im Nationalpark-Zentrum gibt es Antworten auf alle Fragen rund um die Pflanzen- und Tierwelt.

INFORMATION

DAS NATIONALPARKZENTRUM HAINICH IN THIEMSBURG IST FÜR BESUCHER TÄGLICH GEÖFFNET.

April bis Oktober: 10 bis 19 Uhr
November: 10 bis 16 Uhr
Dezember bis Februar: 10 bis 16 Uhr

Verborgen unter einer dünnen Haut
Erfurt: Das jüdische Erbe mit der Alten Synagoge, dem Steinernen Haus und der mittelalterlichen Mikwe ist für die Welterbeliste nominiert

Die Haut, die uns von der Vergangenheit trennt, sie kann sehr dünn sein. Ein paar Zentimeter Erde, eine Schicht Pflastersteine, eine alte Mauer aus Lehm.

Jahrhundertealt ist die Historie der Juden in Erfurt. Es ist auch die Fundgeschichte ihrer Spuren, die Maria Stürzebecher immer wieder fasziniert. Die Kunsthistorikerin ist Erfurts Beauftrage für das Unesco-Erbe. Faszinierend, weil diese Geschichten zuweilen davon erzählen, dass die Archäologie neben Wissen und einer berufsbedingten Beharrlichkeit noch einen anderen Faktor kennt: Das Glück des Zufalls. Und die darin innewohnende Möglichkeit.

Zum Beispiel die uralte Mikwe hinter der Krämerbrücke. 800 Jahre. Es gibt in Deutschland nur sehr wenige Mikwaot aus dieser Zeit. Dass es sie geben musste, darin waren sich die Historiker fast sicher. Nicht nur, weil ein rituelles Bad unentbehrlich war für das religiöse Leben einer jüdischen Gemeinde. Auch alte Steuerlisten der Stadt aus der Mitte des 13. Jahrhunderts zeugen von ihrer Existenz. Von einem „Kalten Bad" bei den Krautstegen an der Gera ist darin die Rede.

Doch hat die Mikwe die Zeitläufe überstanden unter der dünnen Oberfläche der Gegenwart? Und wo? Erste Probegrabungen hinter der Krämerbrücke blieben erfolglos.

2006 brach am Gera-Ufer die Mauer ein, die Stadt beschloss, das gesamte Ufer neu zu gestalten. Es war eine Fügung. Bei Schachtarbeiten stieß man auf Reste eines Kellers. Die Qualität der Steine, die sorgfältig bearbeitete

Die Alte Synagoge in Erfurt. Ihre ältesten Teile sind etwa 915 Jahre alt. Das Gotteshaus war Zentrum der jüdischen Gemeinde der Stadt bis zum blutigen Pogrom im Jahre 1349.

Foto: M. Kneise

Die Mikwe überdauerte Jahrhunderte, bis sie Archäologen im Jahr 2006 fanden. Das rituelle Reinigungsbad war ein Herzstück einer einst blühenden jüdischen Gemeinde im mittelalterlichen Erfurt.　　Foto: S. Fromm

Oberfläche. Wer hätte, fragte sich Archäologin Karin Sczech, so viel Geld ausgegeben für einen einfachen Keller?

Auf der Höhe des Fußbodens stieß sie auf zwei Kragsteine. Eine Art steinerne Konsolen, die aus der Mauer ragten. Ein Hinweis auf einen Bau darunter. Dann sahen sie das Wasser und wussten es: Sie hatten die verschollene Mikwe gefunden.

Die alte Synagoge überlebte die Jahrhunderte gewissermaßen auch im Verborgenen. 915 Jahre. Auf dieses Alter datieren Wissenschaftler die Holzbalken im ältesten Mauerstück der Synagoge. Sie war das Herz der jüdischen Gemeinde bis zum Pogrom 1349.

Fast ein halbes Jahrtausend nutzte man sie als Speicherraum. Irgendwann rollten im Gewölbekeller die Bowlingkugeln und im Tanzsaal des Obergeschosses fächelten sich Damen auf der bemalten Empore Luft zu.

Irgendwann wusste niemand mehr, dass dieser Ort ein geweihter war.

Als vor der Wende die Erfurter Denkmalschützerin Rosita Petersheim unter den steinernen Häuten die einstige Synagoge erkannte, war es eine Neuentdeckung. Doch es sollte dauern, bis man erfuhr, wie alt diese Mauern wirklich sind. Bis die Stadt das Gebäude aufkaufte und mit der Sanierung begann.

Uralte Geschichte ist auch in den jüdischen Grabsteinen eingeschrieben. Maria Stürzebecher erinnert sich gut an jenen kalten und windigen Dezembertag 2011, als sie auf die Baustelle am Ackerhof gerufen wurde. Drei jüdische Grabsteine hatte die Erde freigegeben. Die meisten Steine, sagt sie, verraten nicht viel mehr als den Namen des Toten und den Tag seiner Beisetzung.

Doch dieses Mal war es anders. „... wohin sie geht, ist sie eine Perle, verloren ist sie nur für ihren Ehemann, Yitshak bar Pesah Hanelah." Im Jahre 1245 ließ ein trauernder Ehemann diese Klage in Stein meißeln.

Ungewöhnlich für eine Grabschrift. Wovon mag sie erzählen? Von einer großen Liebe, einer jungen Frau, die vor

Kulturhistorikerin
Maria Stürzebecher
bei der Begutachtung
eines mittelalterlichen
jüdischen Grabsteins.
Die Wissenschaftle-
rin ist Beauftragte
der Stadt für die
Welterbe-Bewerbung.

Foto: A. Volkmann

der Zeit starb, im Kindbett womöglich? Sie bekomme, sagt die Kunsthistorikerin, immer ein wenig Gänsehaut, wenn sie diesen Stein berührt.

Über dem Kellerraum im Steinernen Haus, wo die Steine heute aufbewahrt werden, befindet sich ein weiteres Rätsel. Eine mit farbigen Ornamenten ausgemalte Holzbalkendecke aus dem 13. Jahrhundert. Freigelegt unter uralten Schichten von Lehm und Farbe. Es gibt nichts Vergleichbares aus dieser Zeit nördlich der Alpen. Das Haus

befand sich in jüdischem Besitz. Doch welchem Zweck diente dieses Zimmer? Wurden hier Familienfeste gefeiert, wurde stolz der Wohlstand präsentiert?

Nicht alle Spuren sind gefunden, die uralte jüdische Geschichte dieser Stadt hinterließ, nicht alle Rätsel gelöst. Ein Erbe, das noch lange nicht ausgelotet ist.

Der mittelalterliche jüdische Hochzeitsring wurde 1998 zusammen mit
Münzen und Schmuck bei Bauarbeiten
gefunden. Der Fund machte Schlagzei-
len, der prächtige Hochzeitsring ist erst
der dritte seiner Art, der aus dieser Zeit
gefunden wurde. Der Schatz ist heute
in der Alten Synagoge ausgestellt.

Foto: J. König

DER JÜDISCHE BRAUTSCHATZ

In angstvoller Ahnung grub der jüdische Kaufmann das Loch unter dem Kellereingang seines Hauses. Pogrom lag in der Luft. Er schlug das Silber in ein Tuch, verbarg Ringe, Broschen, Gürtelschnallen, Münzen in Silbergefäßen, den Hochzeitsring mit dem stilisierten Gotteshaus, und senkte es in die Erde.

900 Menschen starben an jenem Märztag 1349 in Erfurt. Fast die gesamte jüdische Gemeinde. Niemand aus der Familie des Kaufmanns blieb am Leben. So blieb der Schatz in der Erde, überdauerte Jahrhunderte. Bis zum Jahr 1998, als Bauarbeiter in einem Keller auf seine Spuren stießen.

Der Schatz gilt weltweit als einzigartig. Der Hochzeitsring ist der dritte aus dieser Zeit, der je gefunden wurde. Seit Oktober 2009 hat der jüdische Brautschatz seinen dauerhaften Platz im Kellergewölbe der Alten Synagoge in Erfurt.

INFORMATION

DIE ALTE SYNAGOGE IN ERFURT MIT DEM BRAUTSCHATZ IST TÄGLICH AUSSER MONTAG 10 BIS 18 UHR GEÖFFNET.

Der Eintritt kostet 8 Euro, ermäßigt 5 Euro.
Für Schulklassen und Kitagruppen im Rahmen des Unterrichts ist der Eintritt frei.

Das Glühen der Lutherrose
Erfurt: Das Augustinerkloster kann auf eine Aufnahme in die Welterbeliste hoffen

Es ist das Licht. Wenn die Sonnenstrahlen die Farben der Glasmalereien in der Augustinerkirche zum Glühen bringen, sich brechen in unzähligen Einschlüssen des Glases, erwacht dieser Raum zum Leben.

Vor 700 Jahren schuf ein unbekannter Glasmaler diese Fenster. Was mag das für die Menschen damals für ein Anblick gewesen sein. Wenn sie aus ihren niedrigen dunklen Hütten die Kirche betraten und hinaufschauten auf dieses glühende Wunder.

Die gotischen Linien, die himmelwärts strebenden Säulen, so hoch, dass es einen schwindelt. Der sanfte Schimmer der Fenster legt sich wie ein Weichzeichner über die monumentale Architektur. Ohne dieses Licht wäre nur Strenge. So verspricht dieser Raum auch Trost.

Wie mag es der junge Martin Luther empfunden haben, als er hier zum ersten Mal auf dem kalten Stein kniete im Gebet? Haderte er mit dem strafenden Gott oder sah er hier schon den gnädigen, milden?

Noch lag alles vor ihm. Die Reise nach Rom, die sein Bild von der Institution Kirche erschütterte. Seine Zweifel und sein Aufbegehren. Seine schicksalhaftes Beharren in Worms, der Bann, das Versteck auf der Wartburg, die Bibelübersetzung.

Noch war er ein junger Mann von 22 Jahren, der sich auf ein Klosterleben einließ. Nicht aus Begeisterung für mönchische Zurückgezogenheit, wie man aus späteren Aufzeichnungen weiß.

Askese und Beschränkung gaben den Lebensrhythmus vor. Die Augustiner-Mönche nahmen die Regeln des Klosterlebens ernst. Eine grob gewebte schwarze Kutte gegen

die Kälte, ein einfacher Strohsack für den kurzen Schlaf. Mit der Matutin, dem Nachtgebet kurz nach Mitternacht, beginnt der Tag und endet spät. Ein wacher Geist braucht keinen Schlaf, so lautete ein ungeschriebenes Gesetz der Mönche.

Messen, Stundengebete, geistliche Lesungen bestimmen den Ablauf. Die beiden Mahlzeiten am Tag werden schweigend und betend eingenommen.

Wer sich zur inneren Einkehr zurückziehen will, kann dies in den Klosterzellen tun. Sie sind einsehbar durch ein Gitter, keine Privatsphäre nirgends.

Das Augustinerkloster liegt heute mitten in Erfurts Altstadt, doch wer es betritt, kann dieser Abgeschiedenheit heute noch nachspüren. Man läuft durch den Kreuzgang und stellt sich vor, wie einst die Mönche hier ihren nie endenden Weg wandelten, die Kapuzen tief ins Ge-

Die Lutherrose, abgebildet in einem der historischen Glasfenster der Kirche. Luther übernahm die Rose als Siegel. Vor 700 Jahren schuf ein unbekannter Glasmaler die prächtige Glasmalerei des Gotteshauses.

Foto: J. König

Die Zelle, in der
Luther nach seinem
Klostereintritt auf
dem Holz der Betbank
Stunden der Einkehr
und des Gebets
verbrachte.

Foto: J. König

sicht gezogen. Man vermeint ihre leisen Gebete zu hören, als hätten die uralten Mauern das ferne Echo bewahrt.

Die Zelle, in der Martin Luther Stunden des Gebets auf
dem Holz der Betbank zubrachte. Der Kapitelsaal mit seinem verflochtenen Gewölbe, dessen steinernere Fliesen
noch aus jener Zeit stammen. Die Grabplatte des einstigen
Priors Johannes Zachariae vor dem Altar, auf der Luther
demütig liegend und mit ausgebreiteten Armen sein Ge-
lübde ablegte. – Die Aura eines authentischen Ortes hat
hier Jahrhunderte überdauert.

Auch wenn die Kriege der Neuzeit hier einbrachen mit tödlicher Gewalt. An jenem 25. Februar 1945, als britische Bomben den Klosterbereich trafen. 267 getötete Menschen, zerstört die Bibliothek, die Waidhäuser, schwer beschädigt die Klausur und die Kirche. Die unschätzbaren Glasmalereien überdauerten nur, weil man sie ausgelagert hatte.

Die Wunden des Krieges sind heute kaum noch sichtbar. Restauriert und mit einem neuen Bibliotheksgebäude präsentiert sich das Augustinerkloster als Ort der Begegnung und des Gesprächs. Gäste können übernachten, Tagungen finden statt, Seminare, kleine Konzerte.

Ein Ort auch, an dem Gläubige aus der ganzen Welt Luthers Spuren nachspüren. Und seit 2014 kann das Augustinerkloster auf eine Eintragung in die Welterbe-Liste der Unesco hoffen. Als authentische Schauplätze der Reformation gehören bereits seit 1996 die Lutherstätten in Eisleben und Wittenberg zum Welterbe. Seit der Fachbeirat der Kultusministerkonferenz die Möglichkeit eines Erweiterungsantrages befürwortet hat, könnte auch das Erfurter Augustinerkloster in der Liste Aufnahme finden.

Blick in den Kapitelsaal mit seinen feinen Gewölbebögen. Die steinernen Fliesen stammen noch aus Luthers Zeiten.

Foto: M. Kneise

107

Der Kreuzgang im Kloster bewahrt das Echo ferner Jahrhunderte. Sechs Jahre verbrachte Luther an diesem Ort.

Foto: M. Kneise

So wie man ihn jetzt sehe, werde man ihn nie wieder sehen, soll Luther zu seinen Studentenfreunden gesagt haben, bevor er die Klosterpforte überschritt.

Er sollte Recht behalten. Das Kloster war nicht nur bekannt für seine strengen Regeln. Es war auch gerühmt als ein Hort theologischer Studien, der dem Kreis der Humanisten nahestand. Gebet, Einkehr, aber auch geistliches Studium und theologischer Disput prägten Luthers Klosterjahre.

Drei Jahre, nachdem er zum Priester geweiht wurde, schickte ihn sein Beichtvater, der Generalvikar von Staupitz, nach Rom. Es ging um Angelegenheiten der Augustiner, doch die Reise sollte weitreichende Folgen haben. Rom, wo er einen sittenlosen, selbstgenügsamen Klerus erlebte, der Sündenablässe feilbot wie auf dem Markt, wurde für Luther zu einem Schlüsselerlebnis.

Luther verließ Erfurt, doch hinter diesen Mauern begann sein theologisches Denken, das die Kirche und den Kontinent in seinen Grundfesten erschüttern sollte. Und die Rose, die sein Siegel wurde, sie ist noch heute im Fenster der Augustinerkirche zu sehen. Wenn das Licht sie zum Glühen bringt.

DER UNGEHORSAME SOHN

Ein Student ist unterwegs durch die Nacht, ein Unwetter bahnt sich an. Als ein Blitz vor ihm einschlägt, wirft er sich auf die Erde und fleht: „Heilige Anna, hilf! Lässt du mich leben, will ich Mönch werden!" So könnte es sich abgespielt haben bei Stotternheim.

Luthers Vater haderte lange mit diesem Entschluss. Eine übermäßig fromme Erziehung hatte der Hüttenmeister seinem Sohn nicht auf den Weg gegeben. Gerade hatte Luther an der Universität Erfurt sein Examen zum Magister artium abgelegt. Jetzt sollte er seine Studien an der Juristenfakultät fortsetzen, was ihm ein Auskommen als Rechtsgelehrter sichern soll.

Und dann das. Sein begabter Martin, ein Mönch. Am Ende versöhnte er sich mit dem Entschluss und als er starb, gedachte der inzwischen berühmte Prediger der überaus herzlichen Liebe des Vaters, durch die er „das geworden, was er ist."

INFORMATION

FÜHRUNGEN DURCH DAS AUGUSTINERKLOSTER FINDEN MEHR-
MALS TÄGLICH STATT UND DAUERN ETWA EINE
STUNDE.

Der Eintritt kostet 6 Euro, ermäßigt 4 Euro.